本研究项目得到中国人民大学亚洲研究中心资助（批准文号为亚研字2010003）

The program is supported by Asia Research Center, Renmin University of China（2010003）

智库丛书
National Think Tank Series

国家发展与战略丛书
人大国发院智库丛书

农民合作新路：
构建"三位一体"综合合作体系

New Road to Farmers' Cooperation:

Constructing an Integrated System

仝志辉 著

中国社会科学出版社

图书在版编目（CIP）数据

农民合作新路：构建"三位一体"综合合作体系/仝志辉著.
—北京：中国社会科学出版社，2016.5
（国家发展与战略丛书）
ISBN 978 - 7 - 5161 - 8166 - 9

Ⅰ.①农…　Ⅱ.①仝…　Ⅲ.①农村经济发展—研究—中国
Ⅳ.①F323

中国版本图书馆 CIP 数据核字（2016）第 102058 号

出 版 人	赵剑英
责任编辑	王 茵　马 明
责任校对	冯英爽
责任印制	王 超

出　　版	中国社会科学出版社
社　　址	北京鼓楼西大街甲 158 号
邮　　编	100720
网　　址	http://www.csspw.cn
发 行 部	010 - 84083685
门 市 部	010 - 84029450
经　　销	新华书店及其他书店

印刷装订	北京君升印刷有限公司
版　　次	2016 年 5 月第 1 版
印　　次	2016 年 5 月第 1 次印刷

开　　本	710×1000　1/16
印　　张	18.5
字　　数	158 千字
定　　价	68.00 元

摘　　要

　　通过农民合作实现农民的组织化是解决"三农"问题的必要举措，但对此国家却一直缺乏切实有效、具有可持续性的推进战略，这就使得农业技术进步和农产品产量增长对农民收入增长和农村发展的贡献十分有限。主流观点认为，"三农"问题需要靠城乡一体化和城市反哺农村来解决，但由于农民数量庞大、城乡一体化只能渐进，这就注定它只能解决部分农民和部分农村的问题，且需待以时日。为了那些仍要世代生活在村、无法离开农业的农民和他们家乡的当下发展，我们将希望寄予农民合作。

　　本书试图为实现农民真正需要的合作找到一条切实有效的新路，从而更多汇聚农民自身力量和农村内在资源，构建使农业发展造福农民和农村的组织制度基础。城乡一体化嫁接上农民合作化，才能最终发挥其力量。解决"三农"问题，农民合作是主干，城市反哺和城乡一体化要依托农民合作。农民合作是根本，土地流转和土地的规模经营是枝干。概言之，中国农户的中小生产规模、集体所有农地和村庄聚落方式，以及大国市场的需求和容量，决定了农民与农民的关系是本，农民与土地的关系是末。在市场化条件下，通过重组农民之间在农业全产业链上的社会分工和农民与外部市场主体的社会分工，农业的专业化发展就会惠及农民，农业和农村就不再是农民的伤心地，而是农民的长久福地。这就是本书力图求得的结论。

本书的主要内容是：在梳理改革开放30多年来家庭承包制基础上的农业经营体制的演变历程的基础上，分析涉农部门营利和资本下乡之下农民专业合作社异化发展的现实，根据各地改革实践，提出通过三种合作功能、三级合作组织和三类农村发展机制的"三位一体"，建立农民综合合作体系，走出一条农民合作化的新道路。本书将这条新路概括为构建"三位一体"综合合作体系，其目标是农民综合合作，制度形式是多层次、全方位综合合作体系，实现路径是"三位一体"、多主体逐级互动。本书从对历史和当下实践的分析中揭示这条道路可以使农业发展"接二连三"，并助力农民增收和农村发展的内在机理。

　　本书将尝试根据各地改革实践和当前关键的农村改革领域，具体阐述"三位一体"路径的根据、目标和战略。"三位一体"路径的具体内容是专业合作、供销合作、信用合作等多种合作功能的一体化，县、乡、村三级合作组织的一体化，以及农民经济合作、农村社会服务、政府扶助的一体化。本书内容也是在全面深化改革阶段对农村改革如何推进的一种理论探索，书中根据综合合作目标和"三位一体"路径，对合作社发展思路、农业社会化服务体系、"三农"工作领导体制、财政支农体系、供销社综合改革等农村改革关键领域提出了改革建议。

目　　录

引　论

一　中心问题是农民合作的目标和道路问题

自从"三农"问题成为学术界和政府共同认可的表述，对其理论研究和政策研究汗牛充栋，但尚未形成大家公认的解决之道。连续多年的中央一号文件仍然在从各个方面对"三农"问题提出方向性的政策和战略规划，农村改革也一再被认为是全面深化改革中的难点。

在有关分析中，有一个共识度较高的观点，即"三农"问题解决的关键是农民组织化。这个观点认为农户在经济上联合起来是农民自强之路，国家也应该大力推进。实现农民组织化的一种方式是发展农民合作。本书中心问题就是研究要发展什么样的农民合作，怎样发展农民合作，才能帮助解决"三农"问题。

二 一些基本概念

1. 农业和农业分工

在本书中，农业指从动植物种养到农产品加工、销售、服务的完整产业链，这符合今天农业发展的实际面貌，也是农民合作化整合农业资源和发展农业所必须涵盖的农业的范围。

舒尔茨（1964）指出，将农业生产活动分为以下几类是恰当的：（1）农民所从事的生产，他们可能主要是为家庭消费生产，或者完全为市场生产；（2）不由农民从事，而由一些供给者从事农业要素的生产，农民从那些供给者那里获得要素；（3）不由农民完成的农产品销售、运输和加工的生产。舒尔茨所讲的"农业生产活动"的内容，符合本书对农业的定义，反映了农业的技术分工状况，但是，是哪些人在从事以上不同环节的活动，中国的情况和舒尔茨讲的有很大的不同。在农业全产业链的不同环节上是哪些人在从事，是农业的社会分工的内容。在中国，农业要素的生产与农产品销售、运输和加工，既有不是农民的主体在从事，也有大量农民在从事。同样都是农民，有的农民主要从事动植物种养环节劳动，有的则主要从事农产品的加工、销售和服务。在动植物种养环节劳作的农民和在农产品加工、销售、服务环节工作的农民以及非农民的关系，恰恰是本书所特别关注的。

在本书中，农业分为两种活动，一是农业生产活动，即动植物种养业；二是农业经营活动，即农产品的加工、销售和服务。"经营"一词有两种含义：一种和维持生存相对，指追求利润。另一种和农业生产活动（直接和农作物、农畜的生产过程相关）相对，生产活动被认为并不直接面对市场，而经营活动则直接面对市场，并和生产活动发生交易关系。

农业的技术分工水平的不断提高是农业效率提高的源泉之一，但是，如何使农业的社会分工在合理的组织化过程中实现，同样关乎农业发展和农民福利。

2. 农业经营主体和农业经营模式

中国农业已经市场化，农业生产活动和农业经营活动全面处于市场关系之中，因此，农业全产业链中的主体都被视为农业经营主体。目前的农业经营主体已经多元化，包括主要从事农业生产和城市务工的兼业小农户、专业从事农业生产或农业经营的专业农户（这其中有家庭农场、农机农技供销服务的专业农户）、农民专业合作社、有外来资本参与或主导的农业企业等。

每一种农业经营主体，其实对应着不同的农业经营模式，兼业小农户和专业农户被认为是家庭经营，但是专业农户中的一些是专门提供农技、技术、购销的农户，也有很多是土地面积超过 100 亩以上的家庭农场，有些家庭农场已经很大程度上依靠雇工，土地面积大、有雇工的家庭农场已经纯粹是为利润而生产。这些专业农户、家庭农场主很多并不完全是本地农民，而是有越来越多的外地农民和市民加入其中。农民专业合作社被认为是合作经营，合作经营模式包括劳动合作、土地股份合作、资金合作、购销合作等多种形式。农业企业主要是资本投资形成，但是也和专业合作社、农户之间发展"公司 + 农户""公司 + 合作社"模式。

3. 农业经营体系

仅仅靠有效的农业经营模式，并不能保证农户的利益。在"公司 + 农户""公司 + 合作社"模式中，大量存在小农户利益被忽视乃至被剥夺的情况。而在更为普遍的大农户和小农户的关系中，也存在利益不均衡的情况。依靠多样化的农业经营主体和农业经营模式，并不足以同时实现农业现代化和农民增收的双重目标。这就提出了要建立农业经营体系的任务，即要通过一定的组织机制，在各种农业经营主体、各种农业经营模式之间发展联系，推动农业生产活动和农业经营活动更为有机地衔接，促使农业全产业链利润更多和更公平地分配给农户，从而使既有的不合理的农业社会分工得以改进，农业的技术分工得以提升，农户的利益得到保护。也就是说，农业经营体系担负着使各种农业经营模式各自发挥其应有作用，并推动农业全产业链利润合理分配的使命。今天，非常重要的就是在农业经营农户和农业生产农户之间发展起合作互助关系，并使它们在同其他市场主体的市场交易中居于平等地位。同时，构建农业经营体系也是为了使得国家的财政支农和农业扶持政策能够更加有效率，能够更直接和有效地达至各类经营主体。

因此，农业经营体系中至少包括三个组成部分：第一是各类农业经营主体及其经营模式，第二是农业社会化服务体系，第三是以财政为主要方式的国家农业支持体系。

"农业经营体系"的概念表述比"农村基本经营制度"的概念表述要更为集中具体，但两者内容基本相同。在当下的政策文件中，农村基本经营制度主要指以家庭承包经营为基础、统分结合的双层经营体制，但是，其实农业经营主体就是对应的以家庭承包经营为基础的"分"的经营主体，而"统"的层次则对应农业社会化服务体系和国家农业支持体系。为了体现本书的涵盖性，我们在分析以往历史演变时，仍使用"农村基本经营制度"概念，在讨论未来的体制改革时，使用"农业经营体系"概念。

三 本书对"构建新型农业经营体系"的理解

加快构建新型农业经营体系，是党的十八届三中全会针对当前农业和农村发展新形势，以及同步推进新型工业化、信息化、城镇化、农业现代化的要求，是进一步深化农村改革的重大任务。在十八届三中全会《中共中央关于全面深化改革若干重大问题的决定》（以下简称三中全会《决定》）中，加快构建新型农业经营体系是作为"健全城乡发展一体化体制机制"的改革措施中的第一条提出的，说明这条措施被视为可以促发城乡联动、发展一体化。就农村改革来讲，加快构建新型农业经营体系也成为农村改革的关键改革，农村土地制度改革等其他方面的改革，可以理解为是这个改革的组成部分，或者是这个改革的重要配套部分。

农村改革主要还是为了农业现代化、农民增收、农村发展。在"三农"问题的视野中看农村改革，就加快构建新型农业经营体系来说，党的认识经过了一个发展过程。在 2008 年党的一号文件中，在论述新型农业现代化道路的内涵时，将"以解决好地怎么种为导向加快构建新型农业经营体系"作为这一内涵的一个组成部分。在这里，对于新型农业经营体系要解决问题的重点还是放在了土地的适度规模经营上。

在以后的中央文件中，先后出现两次对"新型农业经营体系"的表述。一次是"以家庭承包经营为基础，以专业大户、家庭农场为骨干，以专业合作社和龙头企业为纽带，以各类社会化服务组织为保障的新型农业经营体系"。这个表述，把新型农业经营体系基本上等同于农业社会化服务体系。还有一个表述是"积极探索和创新集约化、专业化、组织化、社会化的新型农业经营体系"。这是从功能上对新型农业经营体系做了表述，对其组成部分并没有做出表述。

三中全会《决定》虽然对加快构建新型农业经营体系提出了具体任务，但是对要构建的新型农业经营体系也没有给出明确的定义。文件中提出的"主要是坚持家庭经营在农业中的基础性地位，鼓励土地承包经营权在公开市场上向专业大户、家庭农场、农民合作社、农业企业流转，鼓励农民发展合作经济，鼓励和引导工商资本到农村发展适合企业化经营的现代种养业，允许农民以土地承包经营权入股发展农业产业化经营等"。①
这里主要还是在强调农业经营主体多元化要健康发展，
对于农业经营体系中要以何种经营模式作为主要方式并
没有明确做出说明。

构建新型农业经营体系正在各地实践展开，但是对
于农业经营体系怎样适应大多数地方情况，农业经营体
系为何可以同步实现农业现代化和农民增收目标，农业
经营体系为何最终可以助力新"四化"同步实现，却
仍是一个有待做出深度理论回答的时代命题。本书正是
力求对这一问题做出自己的回答。

四　本书主题是阐明"三位一体"农民综合合作的目标与"三位一体"路径

本书主题是阐明构建"三位一体"农民综合合作
体系的现实和理论根据、战略目标以及具体路径。它将
在梳理改革开放 30 多年来以家庭承包制为基础的农业
经营体制演变历程的基础上，针对涉农部门营利和资本
下乡之下农民专业合作社异化发展的现实趋势，根据各
地农民合作社发展经验，提出以建立农民综合合作体系

---

① 习近平：《关于〈中共中央关于全面深化改革若干重大问题的决定〉的说明》，2013 年 11 月 15 日，新华网。

为目标，走"三位一体"农民合作化道路。这条道路致力于实现专业合作、供销合作、信用合作等多种合作功能的一体化，县、乡、村三级合作组织的一体化，以及农民经济合作、农村社会服务、国家行政扶助的一体化。

构建新型农业经营体系，在笔者看来，就是要构建"三位一体"农民综合合作体系。它是以综合性农民合作组织为基本构成单位，通过横向联合、纵向整合，将农业全产业链利润留给农户，实现农户家庭经营可持续发展和共同富裕的合作组织体系。构建这一体系，将使中国的农业发展更有效率和竞争力，农民收入提高更有保障和持续性，农村发展更有支撑和内在动力。

本书兼具理论研究和政策研究的特点，既力求精要地分析中国农业经营体系和"三农"改革的基本问题，也针对实践中的突出问题提出改革对策。它既是对在全面深化改革中如何推进农村改革的理论探索，也将提出在全国范围内建立新型农业经营体系的政策构想，还力求评述各地发展农民合作体系的实践经验。基于"三位一体"农民综合合作的目标，本书会对"三农"工作领导体制、财政支农体系、农民合作社发展和供销社综合改革等农村改革关键领域提出改革建议。

五　结构安排

本书共十一章，可以分为两个部分。第一部分包含第一章、第二章、第三章、第四章、第五章、第六章，分析的是农业经营体系现状和问题。

第一章首先根据农业分工和专业化原理，讲述改革以来农业经营体系演化的逻辑，农业经营体系经历农户兼业化、农业商业化、农业产业化之后，必然会演进到追求农户经济组织化的阶段，构建新型经营体系的任务即是在这一演化逻辑中提出的。

第二章分析作为农业经营体系重要组成部分的农业经营主体的现状，其突出特点是多元化，在多元主体中的农民专业合作社也和其他经营主体产生了多样化的关系，从而呈现出多元样态。

第三章分析农业经营体系中另一组成部分或侧面的农业社会化服务体系的情况，其突出特点是"部门化"，即由各涉农行政部门发展各类服务组织，从而产生部门利益丛生、体系构建迟滞、服务效率低下等弊端。

第四章以某县农机局为例，具体分析涉农部门为何在建立农业社会化服务体系过程中会寻求自身利益，从而成为营利性部门，这一章显示农业社会化服务体系建设仅靠现有的政策无法改观。

第五章揭示在部门营利和资本下乡的格局下，农民专业合作社这一本来是农民自己的组织为何无法实现其合作功能，沦为"大农吃小农"、营利性部门和下乡资本谋取自身利益的工具。

第六章通过四个案例比较，说明在部门营利和资本下乡格局下综合性农民合作组织发展存在突出困难，只能低度发展，不足以充分履行服务小农户的责任。

第二部分包含第七章、第八章、第九章、第十章和第十一章，主要阐述"三位一体"农民综合合作体系，紧紧围绕第一部分揭示出来的问题阐释这一体系构建的根据和路径。

第七章阐述推动农民合作化才能真正"去部门""化资本"，农业经营体系虽然包含多种经营主体和多种经营模式，但唯有加强真正的农民合作，才能去除农业社会化服务体系的部门化，削减部门营利趋势，化解资本下乡的不利影响，拓宽农户获得服务的空间。

第八章提出要构建"三位一体"农民综合合作体系，这一体系以综合性农民合作组织为主体，通过横向联合和纵向整合，使得农业全产业链利润留存在农村。

这一体系既是农民合作化的目标模式，也是构建新型农业经营体系的目标模式，同时，它也是实现农民合作化、构建新型农业经营体系的可行路径，突出特征在于"三位一体"，使生产合作、流通合作、信用合作三种功能一体化，使县级、乡级、村级三级合作组织一体化，使经济合作、社会服务和行政扶助一体化。

第九章、第十章分别针对当前比较突出的农业社会化服务体系建设和供销社综合改革，阐述了如何根据"三位一体"综合合作目标和路径，找准着力点，推进综合合作体系达成。

第十一章结合全面深化农村改革，进一步阐述围绕"三位一体"综合合作目标，所需要明确的改革原则、改革战略，以及当前亟须推进的改革内容。

第 一 章

家庭经营基础上的农业经营
体系演变逻辑

只有充分揭示农业经营体系已有的演变逻辑,才能规划未来的农业经营体系。本章论述中国农业经营体系的演变逻辑。中国农业经营体系的基本方面在改革之初就确立为集体土地所有制基础上均分土地的家庭承包制小农户经济,并在改革中力求完善。

中国农业经营体系是对两个基本国情的适应。它一方面,它适应了人多地少的基本国情;另一方面,它适应了城乡二元结构下城市化和工业化不同步、资源结构分割和城乡社会保障不均的基本国情。新中国成立之初建立的是土地集体所有,农民集体劳动、集体分配,农业与工业之间以计划价格进行资源和产品交易的经营体系。这一经营体系与城乡二元结构、计划经济的经济体制相融合。而对集体劳动、集体分配和计划体制的改革，使得农村逐步确立起新的农业经营体系，即农户家庭承包基础上的统分结合的双层经营体制。改革30多年来，这一经营体系不断演变，既承受各种外部因素影响，自身也发生很大变化。这种外来影响集中体现为部门营利和资本下乡，是联结小农户和大市场的各种中介机制的有机组成部分。本章的任务是，立足改革30多年来在不断市场化背景下家庭承包制的演变和农业政策的演变，揭示这些演变背后的各方力量结构和相互作用原理。[①]

本章论述顺序：首先，分析小农户基础上的农业经营体制在一个逐步扩大的市场环境下的演进逻辑，提出在经历30多年改革之后基于这一逻辑的农户经济组织化的突出必要性。其次，概述在30多年间农户经济的分化，以及部门营利、资本下乡带来的部门、资本相对于农户的经济和社会优势。这些将构成小农户合作的制度环境，形成小农户合作的必不可少、无法回避的前提条件。

---

① 将新中国成立六十多年来农业经营体系的演化逻辑做贯通并进行更有历史感的分析，是笔者正在做的工作，留待下部著作将其完成。

◇ 第一节　家庭承包制下农户经济发展逻辑：分工和专业化视角

一　家庭承包制使农户兼业化和农户内部劳动力专业化

1978—1982 年的农村经济体制改革，确立了集体土地所有制基础上的农户家庭承包经济，农户拥有了对家庭内劳动力的完全支配权、对土地的完整经营权和对大部分生产成果的完全支配权。这一改革使得农村经济的主体变为小农户，农村经济的主要形态变为小农户经济，即以一定的农业活动为基础，拥有小规模的土地和（或）资本，且以家庭经营为基本组织形式的经济形态。

这一产权改革产生的逻辑结果：相比在人民公社的集体生产制度下的大田劳动低效率和将大量劳动投入社会基础设施建设，以及因管理粗放和技术缺乏而致的生产过程中的无效劳动，农民对农畜产品生产过程中的劳动投入质量大大提高；相比集体生产制度下的对监管者（干部）激励不足，农民在家庭范围内对生产过程的监管成本也大大降低，不再有监管难题；相比集体生产制度下对土地的粗放经营，农民对土地精耕细作，劳动密集型技术和机械的采用更加普遍。在这一阶段，国家主动改善与农民的经济和政治关系，提高农产品收购价格，加强农资生产和优惠供应，大规模推广良种。国家政策和农户经济良性互动，使得农业生产效率大大提高。

在城乡经济关系明显宽松的政策环境下，在家庭范围内，人民公社时期就露出苗头的农户兼业化和农村劳动力专业化过程进一步发展。这时，兼业表现为家庭劳动在大田粮食作物和自留地粮食、蔬菜等经济作物之间，农业和社队企业之上的兼业，家庭承包制后，家庭劳动进一步发展起在更多种类农副产品生产上的兼业，同时也出现了在农业和非农业（包括乡镇企业和城市企业）之间更大规模的兼业。不仅在农村地域内实现，而且跨越城乡，通过远距离流动实现。从历时性上来看，兼业农户（除去纯农户）的非农产业收入占家庭总收入的比重不断增加，以非农产业收入为主的兼业户在全部农户中的比重上升，以农业收入为主的兼业户在全部农户中的比重下降。

农户兼业化从户内劳动力就业的角度看，户内劳动力就业门路有了农业和非农业之分，户内劳动力的专业化程度提高了。农户兼业化实际上是户内劳动力的专业化。兼业化是在中国人地矛盾尖锐、农村社会保障水平低、农业自然风险和市场风险大、城市化滞后于工业化的情况下农户经济的一种主动适应。兼业化意味着家庭内部分化出农业从业者和非农业从业者，扩大了家庭内部农业从业者的土地利用规模和专业化水平。因此，兼业化并不是不利于扩大土地经营规模。家庭内部农业从业者的专门化为在合作制下扩大土地经营规模奠定了基础。

实际上，农户兼业化是农民以个体（家庭成员外出打工）而不是以家庭（家庭放弃土地使用权）为单位进行非农就业，同时扩大了务农劳动者的农业经营规模。假设一个村里有 100 个农户，每个农户有 3 个劳动力，农户兼业化的含义是说全村 300 个劳动力中有 200个转移到非农就业，每个农户只有 1 个人在从事农业生产。就每个农户来讲，它是兼业的，但就 300 个劳动力来讲，每一个劳动力都提高了专业化水平。正是由于产权改革导致家庭内部对劳动力和土地的集约使用，提高了劳动力就业和土地就业的专业化水平，引发了对适用性农业生产技术的需求，推动了部分成员的非农化，进而扩大了农业生产规模，提高了农业生产效率。可以说，产权改革引发的农业劳动力专业化和农户兼业是同一个过程的不同侧面。从分工意义上说，农户兼业化是家庭成员个体的专业化与家庭整体的兼业化（即"专业多样化"）的统一。[①]

二 农户兼业化和农业劳动力专业化推动农业商业化

农户兼业化使得农产品种类增加，产量提高，发展农产品交易市场有了基本动力；农户兼业化内含的农业劳动力专业化使得农业对相关农业技术、生产技术的需求增加，推动了对农业机械销售、技术交易的市场需求；农户兼业化进一步凸显农户之间农业劳动者在劳动存量和劳动能力上的差别，这些差别以及其他生产要素的差别推动了农户之间生产要素市场的形成（从换工到雇工的劳动力市场，以土地流转为形式的农用地市场，以收割机跨区作业、农机具租赁为形式的农机作业市场等）。而国家因势利导，很快开放或开办了与农业有关的生产资料、农产品、资金、土地等各种市场，也

---

① 向国成、韩绍凤：《小农经济效率分工改进论》，中国经济出版社 2007 年版，第 107 页。

开放了城市劳动力市场，农业由此迅速商业化。市场的发展转而进一步促进农户兼业化中的分工和专业化过程。

也就是说，农户兼业化中的分工和专业化与市场发展相互促进。农业商业化本身意味着农户与中间产品生产者之间的社会分工深化。同时，农业商业化的发展进一步推动了农户兼业化中的分工水平，即专业化程度，酝酿着突破家庭界限的农业产业化和农户组织化的发展。

三　农业商业化引发农业产业化

农业商业化和农户兼业化互相促进，进一步提高了农业的分工和专业化水平。农业商业化使得农用生产资料购买和农产品销售的市场交易效率提高，从而进一步推动农业生产专业化。兼业农户在农业商业化推动下，进一步发生演变，从农户内部农、副、工分业发展到在农业生产户和农业经营户之间开始分工，一部分农户成为生产户，一部分农户成为经营户，即所谓"科技示范户""经纪人"等的出现。

同时兼业农户也需要更多更加专业的中间产品和加工、经营服务，而专业化了的经营者也需要更多的初级农产品和加工农产品。对加工农产品的需求推动了龙头企业的出现，也推动了龙头企业和农户间发展更紧密的利益关系。这种利益关系和其上的组织形式酝酿着农业产业化。其中的动力是分工的发展，尤其是农业生产和农业经营之间分工的发展。

农业生产和农业经营之间分工导致的农业发展的实际情景是：第一，农业的种植业结构发生变化，粮食、棉花、麻类的种植面积下降，油料、蔬菜、水果等经济作物的种植面积大幅度增加；第二，农林牧渔结构发生变化，从以种植业为主发展到农林牧渔全面发展；第三，是初级产品、加工产品和市场服务间的结构变化，加工产品和市场服务业比重迅速增加。

以上农户的生产和经营职能的分工，初级产品、加工产品和服务业的互动发展，最终导致产生了减少外生交易费用的需要，促使农业生产、加工和服务的一体化，也就是所谓农业产业化。

如果细究所谓农业产业化，可以发现其包含以下几个层面：农业产业链（生产、加工、服务）的延伸，龙头企业的出现，龙头企业与农户之间经济关系的协调。龙头企业的出现成为农业产业链更紧密联结在一起的重要因素。

农户经济内部虽然出现了农业和非农业的专业化，但是，农业的生产劳动和经营活动没有分离，生产劳动中的生产和对生产的监管没有分离。而在农业生产过程的组织上，农业产业化进一步推动生产性劳动和管理性劳动分离，农业生产过程和农业经营过程分离。农业产业化意味着分工和专业化的进一步发展。

四 农业商业化和农业产业化要求农户经济组织化

农业商业化和农业产业化加起来，可以称为农业的市场化。或者说农业市场化的完整含义是农业商业化加农业产业化，其基础仍是兼业农户内部的农业专业化。农户兼业化、农业商业化、农业产业化、农业市场化的发展序列的实质是围绕农业生产和价值实现过程的分工和专业化的深化。这种分工和专业化进一步要求一个能够容纳这种分工和专业化的组织形式。

农业市场化存在两种发展趋向：一种是将兼业农户边缘化的市场化，另一种是将兼业农户作为主体力量的市场化。在前一种市场化的组织结构下，兼业农户可能越来越受限于农业生产者的分工角色，而无法进入农业经营环节获得市场利润；而且由于其分散，在与经营者的谈判中越来越没有谈判地位，使得生产环节利润越来越少。前一种市场化组织结构牺牲了兼业农户长远和根本的利益，虽然在其中农民也被组织化了，但农民不是其中的主体，农民在其中的利益实现是有限的、短期的。农业商业化和农业产业化就只是表现为农产品交易市场的扩大、龙头企业的出现，这样的农业市场化的组织形式就是不完整的，或者说是将农户边缘化的。这是一种由农户以外的资本力量主导的农业市场化。

分散的农户经济面对农业商业化和农业产业化的发展，在实现自己的利益时存在巨大的困难：一是由外界资本主导的商业化，使农户与市场对接时必然面对巨大的外生交易费用；二是分散的农户在面对龙头企业时，处在谈判的弱势地位，无力通过争取合理价格赢得自身合理利润。这就提出了农户经济组织化的任务，也就是说，后一种农业市场化的组织结构是一种兼业农户作为主体的市场化，其中的组织化必然要求不同于前一种形式。

由于农业生产的自然生产时间和劳动时间不一致，劳动监管困难，农业发展会内生出家庭经营方式，但农业天生是弱质产业，承受自然和市场风险的能力弱，初级农产品的利润附加值低，这使得农户所获收入有限，农户更容易成为一个农业劳动力拥有者。而农业商业化和产业化的发展需要更多资本要素和技术要素的加入，因此，从事农产品经营的很可能不是农户，农业龙头企业很容易不为农户所有，而拥有资本的人却容易占据农产品加工、经营领域，拥有农业龙头企业。国内外的大量经验表明，农业商业化和农业产业化中的最大获利者更可能是资本拥有者。因此，兼业农户在农业市场化中日益处于劣势：谈判地位低，获取利润份额低。这一劣势存在的实质原因是小农的资源禀赋（拥有土地和资本少，只有被动专业化了的劳动）和由此决定的"小"的生产规模，而且由于小农相互之间分散经营，从而使得其产品进入市场的外生交易费用高昂。

兼业农户面对这一处境并非完全被动，他们主动地发展出了节约外生交易费用的方式，即发展农民合作经济组织，并通过优化这一组织形式减少内部交易成本。农民合作经济组织的实质是：通过加大生产者数量，增大生产资料购进和农产品出售的市场需求数量，提高同加工、服务环节的农业经营者进行市场交易时的谈判地位，通过降低购买价格和提高销售价格增加交易收益；通过在组织内部分工，设置专门的经营、服务岗位，减少农户和市场的市场交易次数，节约外生交易成本；同时提高内部各个岗位的专业化水平和合作社内的管理水平，节约内生交易成本。从根本上提高农户经济的分工和专业化水平，使农户经济所获利润份额提高。

从农户经济的发展和分工演进的角度看，以农户为主体的农户经济组织化意味着在一个农户联合组织内，进一步将原来在家庭范围内无法有效分工的生产性劳动和管理性劳动，在一个超出农户经济范围的更大规模里实现分工，同时减少组织内部各种劳动之间的内生交易成本。

也就是说，农业商业化和农业产业化必然促使农户经济寻求组织化。这种组织化可以使兼业农户成为农业市场化组织结构的主体力量，使兼业农户成为农业市场化的最大获益者。但这种农户经济组织化并不会自然出现，因为虽然成立合作经济组织有节约外生交易费用的好处，但是，成立合作经济组织之后各种专业化劳动之间的内部交易成本也会随之增加。合作经济组织需要在节约外生交易费用与尽量减少内生交易费用之间求得平衡。而小农户经营的规模较小，使得各种达成效率的均衡点并不能靠经济主体间演化和博弈自动生成。此时，就需要国家农村政策的强力干预。

至此，我们可以总结农户经济在家庭承包制下的发展逻辑。家庭承包制首先会使小规模农户的兼业化趋势获得发展，取得农业劳动专业化和家庭层面专业多样化的均衡；农户兼业化内含的农业劳动的专业化会扩大农业生产规模，推动农业商业化，农户的生产职能和经营职能之间的分工进而得到发展；生产职能和经营职能分工促进了农产品加工品种和规模的增加，农业龙头企业出现，农业产业化得到发展；在日益壮大的农业经营资本面前，分散的小规模农户无法承担市场交易成本，开始主动寻求联合，农户组织化在农业商业化和产业化发展中被提出。小农户经济在产权日益明晰的家庭承包制下的前途是组织化，以突破家庭组织方式对分工的限制。

◇ 第二节　农村改革的体制结果："分"被加强、"统"未建立

在延续 30 多年的农村改革历程中，家庭承包制下的中国小农户经济已经完整呈现出本章第一节所分析的农户兼业化和农业市场化的发展链条。而政府的农业政策对于这一发展链条的呈现起到了推动作用，或者说，政府的农业政策基本上顺应了不断开放的市场条件下的

小农户经济发展的客观要求。

30多年来的中国农业政策的主要方面可以这样概括：（1）稳定土地承包权，推动农户兼业化之下的农村劳动力专业化；（2）进行农产品流通体制改革和农业生产要素市场建设，促进农业商业化；（3）以推动农业结构战略性调整为目标，推进农业产业化；（4）制定各类促进农户发展经济合作的政策，直至制定和落实《中华人民共和国农民专业合作社法》（以下简称《合作社法》），推进农户经济的组织化。

当前越来越强烈的共识是，农户兼业化和农业市场化的大局已定，但是农户经济的组织化还没有完成。农村改革30多年后对"三农"问题仍然存在的成因的核心解读已经放在农户经济的组织化之上，下一步农村改革的核心应该是如何更好地促进农户经济的组织化。

家庭承包制改革以后，我们在农村经济体制改革上的目标一直是"坚持和完善家庭承包制基础上的统分结合的双层经营体制"，"双层经营体制"被作为农村基本经营制度，也就是本书所讲的"农业经营体系"。由于在改革之初，家庭承包制已经确立，"完善"的重点应该放在"统"的经营层次。"完善双层经营体制"的本意是希望能够发挥"统"的层次的经营功能，对分散的农户经营提供统一服务，降低农户生产和经营成本，产生较多利润，从而可以补贴或返还农户，增加农户收益。完善"双层经营体制"的核心应该是构建一个可以不断成长的统一经营层次，在统一经营层次和农户分散经营之间发展一种扶助分散农户的利益关系。

家庭承包制推行之初，设想的是通过"壮大村级集体经济"来构筑双层经营体制。但是由于集体经济组织退化为纯粹的集体土地发包方，事实上没有了经营功能，因为集体经济组织没有了固定资产，也就没有了经营功能。而少数没有将土地完全承包给农户的村庄，在大力发展乡镇企业的过程中确实壮大了集体经济。通过村民自治制度的保障，壮大了的集体经济在有些村庄为村民提供了农业生产、加工和经营的某些统一服务，扩大了兼业农户的外部经营规模。但是多数村庄的集体经济并没有得到多少发展，而异军突起的乡镇企业在20世纪90年代的改制中多数私有化了，其具有的统一经营的潜力也丧失了。壮大集体经济更多表现为"有集体无经营"。

在壮大村级集体经济组织从而对兼业农户提供统一经营利润和开展统一服务效果并未大面积显现后，伴随着农业商业化的深化，小农户和大市场之间的矛盾越来越突出。于是，1988 年，在农村改革 10 周年之际，国家在政策层面上提出把"完善农业社会化服务体系"作为稳定、完善统分结合双层经营体制的重要内容。什么样的组织被纳入这个体系？当时提出的是：以农村集体或合作组织为基础，以国家经济技术部门为依托，以企业和个体服务为补充。在实践中得到发展的是后两者，尤其是国家经济技术部门得到充分发展，得以不断向乡村两级推进。这样，农业服务体系实现了"社会化"，但农户并没有得到好的"服务"，因为各服务主体提供的多是营利性服务。一方面，弱势小农客观上难以支付这种服务的成本；另一方面，即使要提供免费的服务，由于面对的农民数量多、经营复杂而必然出现无法克服的交易费用过高的难题。

在以国家经济技术部门为主构建农业社会化服务体系的时候，各种农业加工和经营企业也得到发展。随着农产品供给状况的改善、农产品卖方市场的形成，农产品从总量不足变为结构性供给不足，农产品面临结构调整任务。这时候，农业产业化被作为调整农业产业结构的重要力量，同时从扩大对农户服务的角度，改革政策将发展龙头企业视为统一经营层次的东西，将其提到完善双层经营体制的高度来认识。于是，完善双层经营体制从壮大集体经济、发展社会化服务体系进展到发展农业产业化也就是发展龙头企业上。

但是，龙头企业提供的是经营性服务，它并不能主动帮助农户扩大经济利益，因此，农业产业化带来的"公司＋农户"政策中扶持龙头企业的钱并没有转化为对小农的扶持，而是发展了公司和农户之间的市场契约关系。

我们也可以从解决所谓"小生产和大市场之间矛盾"的角度来理解加强"统"的层次建设的作用。家庭承包制改革以后，农民以家庭为单位组织生产，同时其产品价值要直接在市场上得到实现，随着市场化改革的深入，其产品实现价值的市场范围空前扩大，形成所谓"小生产和大市场之间的矛盾"。解决"小生产和大市场之间的矛盾"的核心目标是在市场环境下确保农民基于从事农产品种植和销售而获得社会平均利润，可以持续进行农产品生产，从而确保农民收入增加，确保社会对农产品的需求得到满足。在只有一个"分"的层次即家庭经营的前提下，这一目标无法实现。"统"的层次的功能其实就应该是解决"小生产和大市场之间的矛盾"。如果"统"的层次在解决"小生产和大市场之间的矛盾"上无所作为，那么"统"的层次就不为农民所接受，就不能发挥作用，也就无法成为农村基本经营制度的必要组成部分。

但是在改革初期，人们不是这样认识"统"的层次的作用的。对为什么必须存在"统"的层次，推行家庭承包制之初，论证主要集中在两个方面：一是家庭经营无法实现农业公共产品的提供，如农业基础设施、公共福利；二是当时有些农业集体化的固定资产很难完全分割，必须由集体统一经营和管理。[①] 这是基于当时具体情况的理由。但是，这两个方面决定的集体经营层次的存在，必须依赖于由集体提供公共产品和由集体经营某些固定资产的高效率来确保，在集体化的意识形态被抛弃的情况下，一旦出现低效率的情况，就很容易抛弃集体经营层次：很难分割的固定资产可以让其自然损耗或卖掉，农业基础设施和公共福利可以让其损毁或削减。因此，集体经营层次在全国多数村庄迅速萎缩和消失。

随着农产品流通体制改革不断推进，农产品面临的市场环境得到深化和扩大，小农经营和市场对接存在的困难日益显露，人们对困难的认识也逐步深化。因此，

---

① 参见宋洪远主编《中国农村改革三十年》"一、选择结合双层经营体制的必然性"的有关论述，中国农业出版社 2008 年版，第 50—51 页。

在农户经营之上的"统"的层次的功能逐步地被集中在帮助农户联结小生产和大市场上面。这一层次到底是应纳入农户经济组织化内部，还是作为一个和农户经济分立的中介层次，在理论上并未被完全辨清。

归结起来，农村改革30多年的历史，从建立和完善双层经营体制的角度，如果着重看统一经营层次上的改革，可以认为是对统一经营如何发挥联结小生产和大市场作用的各种形式的探索。政策先后强调了壮大集体经济实力、发展农业社会化服务体系、推进农业产业化三个政策重点。但是，结果却是，"统"的层次并未加强，而相比各种经营性服务部门和农业龙头企业的壮大，"分"的层次的农户更显分散了。一个有机联系、有利于农户的农业经营体系仍然未能构建起来。

◇ 第三节 农户分化、资本下乡和部门营利

在发展村级集体经济、涉农经济技术部门下延、培育龙头企业的过程中，村集体或合作经济组织、乡镇企业、经济技术部门、龙头企业确实都曾经得到相当程度的发展。但是，由于在"统"的层次和"分"的农户

层次之间的利益关系构造上一直缺乏全面的、前瞻性的设计，"统"的层次并没有发挥期望中的引导农户进入市场并促进农户收入提高的作用，甚至往往成为农民利益的对立面，恶化了农户尤其是小农的经济和社会处境。

改革30多年来，农民收入得到一定的提高，兼业农户的专业化发展获得一定的市场回报，但与此同时，兼业农户的获利空间也进一步受到农村经济中其他力量的挤压，获利能力受到抑制。问题的关键在于这个市场是哪种力量主导的市场。分析农户被边缘化的农业市场化过程的方法是，在农户兼业化→农业商业化→农业产业化的逻辑过程中，将兼业农户、农村资本、城市资本、政府部门和中央政府的各自资源禀赋、利益结构和实际行为逻辑加上去，将有关政策对这些资源禀赋、利益结构和实际行为的影响加上去。这样的分析路径，将使我们看到一种实际的兼业农户困境的形成，看到农户经济组织化的困难和现实图景。

由于以上各种主体的情况在30多年改革过程中是逐步演化的，因此，很难静态地框定各自的资源禀赋、利益结构，也很难将其行为逻辑作一维方向的描述，因此，这里就不按照各个主体的情况分别叙述，而是放在

农户兼业化→农业商业化→农业产业化→农户组织化的
逻辑进程中做动态的展开。

一　农户分化：大农和小农的分化

农户兼业化是 30 多年来农村经济发展历程的逻辑
起点，并在农业商业化、产业化中日益发展。只看农户
层面的变化，显著的是在农户收入普遍增加的同时，收
入高和收入低的农户显著分化，或者说形成了富农和贫
农、大农和小农的区分。富农和贫农是从收入层面上讲
的，比较表面，实质上是大农和小农。也就是说，少数
农户掌握更多的固定生产资料、流动生产资料的采购能
力，且拥有更多的人际关系、市场信息，并因为教育投
资等因素而拥有更多的农业企业家才能；多数农户只拥
有少量生产资料和自己的劳动力，在人际关系、市场信
息、企业家才能上和大农相距悬殊。在兼业化（户内
打工和务农分业、在农业上从事多种经营）、商业化、
产业化中这些区别越来越大，最终导致收入差距的扩大
和固化，少数大农成为农业资本家和农民企业家，小农
则成为自耕农和雇佣工人。

大农和小农分化的背后是农村内部资本的形成，资
本作用半径的扩大和作用的增大，以及多数小农在市场

化环境中改善自身处境的能力下降。但应该指出的是，城乡二元结构的抑制、人多地少决定农户土地规模不可能太大，所谓"大农"，其实规模也不大。

二 资本下乡：农村资本和城市资本的结合

在农业商业化和产业化过程中，农村经济中资本的数量大大增加。市场流通过程中的资本包括农户拥有的资本和农户以外的主体拥有的资本（城市资本）。这些资本最先占据的领域是农产品流通领域，然后扩展进入农产品加工领域和最终经营领域。

农产品流通领域改革使得各种资本进入，并且在农村流通领域形成竞争态势。不考虑区域差别，目前情况是，供销社系统和国有商业仍然是重要力量，农民个体运销户、经纪人数量很多但规模较小，农业产业化龙头企业加速崛起，农民合作经济组织数量在迅速增加。

在生产要素市场上，资本更是其中主角。在不断加快的城市化进程中，资本在农地非农化中获益，农用地的流转和集中也主要在资本主导下进行；农村劳动力被城市资本和农村资本雇用，加快户内兼业化步伐，少数农户成为城市居民；农户资金主要被城市资本和农村资本利用；农业科技和教育领域资本也竞相进入。

兼业农户中的务农劳动力主要还在从事初级农产品的生产，资本则主导了农产品的加工和经营。农产品加工和经营环节的利润被资本占有。

在农户兼业化和农业商业化阶段，主要还是农民自有资本和农村政府的经济技术部门所有的资本发挥作用，城市资本大量下乡主要是在农业产业化发展阶段。这其中，县级以下政府的招商引资起了相当大的作用。与资本下乡同时，由于城乡二元结构下的金融体制，农村内部的资本流出农村。

总之，资本下乡借助了农业商业化和产业化的趋势，同时它是形成农业商业化和产业化的重要推动力量。资本下乡内含在农业商业化和产业化过程中，没有包括外来资本下乡在内的农业资本形成，也就没有今日的农业市场化。

三　部门营利：公益性服务和营利性服务相互支撑

在以上资本下乡的发展过程中，政府的推动和扶持起了关键性的作用。农村流通领域改革和生产要素市场发育，政府是主导力量；资本全面进入农产品加工和经营，政府是主要推动者。除了引导农民自有资本投资农业和城市资本进入农村之外，政府所有的资本也加入了资本下乡的过程。由于政府所有的资本具有特殊的主体——政府部门，本书将这种资本的下乡单独列出，称为"部门下乡"，"部门下乡"实际上是部门营利的一种表现形式。主要表现在政府鼓励和推动涉农经济技术部门开展公益性涉农服务和营利性涉农服务，用营利性涉农服务从不断升级的农户专业化、农村市场扩展和农业产业发展中获益。

部门下乡受两个因素推动。第一个是中央和地方各级政府为了解决日益严重的涉农部门生存危机，通过让部门开展营利性涉农服务，可以增加部门的收入，从而补贴部门的公益性涉农服务，减少各级政府维持部门运转的财政投入，部门从自保的角度讲也会自我寻求积极下乡，开展营利性服务。第二个是中央和各级政府希望解决双层经营体制"统"的层次力量薄弱，依靠部门改善对农户的社会化服务，帮助初级农产品更好地进入市场。

以上这两个原因推动的部门下乡如果能在部门和农户之间发展出一个更好的利益联结机制，也许会实现"部门营利"与"农户增收"的双重目标。但是，部门下乡选择的是建立营利性的公司、进行垄断性收费，甚至限制农户对服务机构的选择空间，成为面对分散农户的营利性企业和官办行政性收费机构，在一定程度上只是实现自保目标和营利目标。这在很多时候增加了农户的经营成本。部门下乡带动的农户增收有限，这也进一步限制了下乡的部门的赢利空间。

四　三种趋势的相互加强

农户分化、资本下乡与部门营利的三个趋势其实是纠缠在一起的，存在互相加强的趋势。当然，其中也有互相竞争和抵消。首先，部门下乡和资本下乡是相互加强的。很多资本下乡是部门引导、扶持的结果，资本下乡的收益要由部门分享一部分，部门则通过让渡国家利益和农户的利益换取资本对部门的回报，在这一过程中，资本也得以顺利下乡，通过一个不公正的市场环境获利。

其次，部门营利发展的过程中，官办资本甚至私人化的官僚资本得以形成。部门在营利化过程中，很多营利性涉农服务以承包、租赁、股份合作等形式开展，使得很多应该用于公益性服务的财政投入转化为小集团资本或者私人资本，也使得许多公益性的设施和人力资源成为小集团资本或私人资本获利的手段。

最后，农户分化在资本下乡和部门下乡中加剧。大农通过和部门或资本勾结，壮大自身实力，进一步加强了自身生产资料和财富的优势。大农和资本或部门的勾结，也是资本和部门顺利下乡的一个重要机制。

总的来说，我们在上述过程中看到的是什么呢？是大农、资本、部门各自利用自己优势资源进行联合。联合后得以获利的对象是什么呢？只能是盘剥小农的利益。因为，所有的利润都需要经过市场实现，而市场是有一定容量的，其容量就是消费者购买力的集合。在消费者购买力总量一定的情况下，要想获得更多利润，那就只能建立少数大农对多数小农的优势，盘剥小农的利益。

第二章

农业经营主体多元化与农民专业
合作社多元发展

农业经营主体多元化是中国农业经营体系目前的突出特征，也是构建新型农业经营体系的主要前提。本章尝试运用间接定价理论模型，首先对中国农业经营主体的多元化进行统一的理论解释，其次结合农民专业合作社发展的外部环境并应用具体的案例，对作为农业经营主体的农民专业合作社发展逻辑进行实证分析。本章对农业经营主体的定义与全书定义一致，即为农业生产与农业经营分工的背景下从事各类农业经营活动（包括农业产前、产中、产后的各类服务）的组织，如农户、农民经纪人、农民合作组织、农业龙头企业等。

◇ 第一节　间接定价理论模型及其应用

在 Coase（1937）和张五常（1983）的研究基础上，杨小凯和黄有光（1995）提出了间接定价理论模型。该理论假定每个人都可以从事两种有专业化经济的活动：一种是生产最终产品的活动，如农产品生产活动；另一种是生产中间产品的活动，如从事农业所需的各类经营活动（包括农业生产的产前、产中、产后服务）。人们用资源生产没有直接效用的中间产品，一定是中间产品的使用可以提高最终产品的生产效率，这是一种迂回经济效果，如专业化、规模化的农业经营活动可以提高从事农业的效率。

最终农产品用 y 表示，生产 y 的活动用 ly 表示。另一种是为农产品生产提供经营服务的间接活动，经营知识用 x 表示，它是中间产品；经营劳动用 lx 表示。每种活动都有专业化经济。这样一来，生产组织结构可以细分为四种：

A. 每个人自己提供经营知识（x）从事农产品（y）生产。

B. 生产农产品（y）的人卖农产品，买经营知识（x）；经营专家卖经营知识（x），买农产品（y）。生产是通过产品市场进行组织的。

C. 生产中间产品，即经营知识（x）的经营专家卖经营劳动（lx），农产品（y）的生产者当老板，雇用经营专家从事经营活动，加上自己的生产劳动（ly）生产农产品（y）。生产是通过劳动市场替代中间产品市场，用企业形式进行组织。

D. 生产中间产品，即经营知识（x）的经营专家当老板，雇用其他成员提供生产农产品的生产劳动（ly），加上自己的经营劳动（lx）来生产农产品。生产也是通过劳动市场替代中间产品市场，用企业形式进行组织。

以上四种结构可以用两个维度来划分：第一类是有无分工的结构，其中，A 是无分工结构，B、C、D 是分工结构；第二类是有无企业的结构，A、B 是无企业结构，C、D 是企业结构。这四种结构中哪一种会出现呢？间接定价理论用超边际分析方法进行求解（杨小凯，2003），得到以下四个命题。

命题 1：当交易效率足够低时（即专业化经济小于分工所产生的交易费用），无分工结构是一般均衡，如结构 A；当交易效率足够高时（即专业化经济大于分工所产生的交易费用），分工结构是一般均衡。

命题2：当劳动交易效率高于中间产品（x）的交易效率时，分工通过劳动市场和企业制度来组织；否则分工通过中间产品和最终产品市场来组织，如结构B。

命题3：当企业在一般均衡中出现时，如果用来生产最终产品（y）的劳动（ly）交易效率比用来生产中间产品（x）的劳动（lx）交易效率低，最终产品专家（如直接生产农产品）是企业老板，享有剩余权利，如结构C。

命题4：当企业在一般均衡中出现时，如果用来生产中间产品（x）的劳动（lx）交易效率比用来生产最终产品（y）的劳动（ly）交易效率低，中间产品专家（如经营服务专家）是企业老板，享有剩余权利，如结构D。

命题3、命题4说明企业和非对称剩余控制权、收益权可以将交易效率相对低的活动卷入分工，以避免对这类活动的投入与产出直接定价所形成的高昂交易费用，这类活动价值的大小不由市场定价直接反映，而由剩余收益间接反映，这就是间接定价理论。该理论揭示了：当交易效率足够低（专业化经济小于分工所产生的交易费用）时，产权将采取自给自足的直接实现形式，当交易效率足够高（专业化经济大于分工所产生的交易费用）时，产权将采取分工的实现形式；在分工的实现形式中又分为直接定价形式和间接定价形式，当只有最终产品或者出现了中间产品与最终产品的分工但劳动交易效率低于产品交易效率时，产权将通过中间产品和最终产品市场直接定价来实现，否则产权将以剩余权利的形式通过劳动市场和企业制度间接定价来实现。现在，间接定价理论被广泛应用于企业管理领域，特别是在企业的分工合作（张小宁，2005）与人力资本定价机制（豆建民，2003；张小宁，2001；李新、陈强，2005；杨厚学、彭礼坤、王霞，2005）的研究上。向国成则认为，整个间接定价理论模型不仅包含了解释企业产生及其性质的间接定价理论，在本质上是探讨出现最终产品与中间产品分工时产权的组织实现形式；他在做适当扩展后对中国农业组织化的演进路线进行了统一的纵向理论解释。本章将基于该理论尝试对当前中国农业经营主体多元化这一横截面以及在此基础上的当前农民专业合作社的多元发展逻辑给出统一的理论解释。

◇ 第二节　农业经营主体多元化的理论解释

结构 A 在当前的农业经营主体中体现为自给自足或自产自销的农户，即农产品的产前、产中、产后各环节均不存在分工，完全由农户自己完成农产品的生产消费或在市场上销售从而使农产品的价值得以实现。剩余控制权和剩余收益权均由农户控制。此经营主体的出现应该符合命题 1 的阐述：当交易效率足够低时，无分工结构是一般均衡。现实中，该类经营主体存在于市场经济不完善的偏远地区，产品市场和劳动力市场均未发育。农户自己留种子、使用有机肥，农业使用手工作业，农户自己家庭消费、邻里交换或者由自己拿到附近的集镇上交易最后的农产品，从而实现农产品的最终价值。在这一整个过程中，由农户自己"提供有关农业经营知识（x）从事农产品（y）生产"。

结构 B 代表存在产品交易市场，而其外在表现便是农村市场交易主体——农民经纪人的出现，即农村中开始有农民经纪人和农民进行与农业经营相关的交易活动。生产农产品（y）的农户卖农产品，买经营知识

（x），要注意的是这里购买的不是经营劳动；农民经纪人卖经营知识（x），买农产品（y）。这其中，农户与农民经纪人之间的分工是通过农产品市场与中间产品市场来组织的，剩余权利对称分布。现实当中的表现是许多农户通过农民经纪人（包括农资店）购买种子、化肥、农药，同时通过农民经纪人（小商小贩）的上门收购来完成农产品生产的最终阶段与其价值的实现。另一种表现是劳务外购，农户通过农民经纪人购买劳务，即一些农户支付一定货币把农业生产的一些环节包给他人完成的现象，如新疆农忙大量的"拾花工"需求和东北地区联合收割机的大规模跨区耕作。需要注意的是，在劳务外购中，农户和农民经纪人之间仍然保持着买者与卖者的市场关系，并非企业内雇主与雇员的不对称的剩余权利关系。此外，订单农业也应该是属于结构B的范畴，因为订单合同需要农户和龙头企业协商完成，其剩余权利在理论意义上还是对称分布的。

结构C指的是剩余控制权和剩余收益权均由农户控制的农民合作组织，其实合作组织在本质上还是企业，这从杜吟棠的书名《合作社：农业中的现代企业制度》中便可见一斑。从剩余权的角度来理解，合作经济组织与企业的区别只在于其剩余控制权的实施方式不同：合作经济组织是人的集合，崇尚一人一票；企业是资本的集合，崇尚一股一票。若我们考察完整的剩余权，可以发现，在合作经济组织中，剩余控制权和剩余收益权还是归一类主体，即农户所有（此处暂不考虑大农与小农的区别）。这种状态也就是命题3所指的，当企业在一般均衡中出现时，如果用来生产最终产品（y）的劳动（ly）交易效率比用来生产中间产品（x）的劳动（lx）交易效率低，最终产品专家（如农户）是企业老板，享有剩余权利，如结构C。该逻辑的现实表现即合作组织会聘请职业经理人、销售团队和农技专家等农业经营专家，即雇用经营专家从事农业经营活动。让我们感到困惑的是，生产最终产品（y）的劳动（ly）交易效率比用来生产中间产品（x）的劳动（lx）交易效率低吗？现实告诉我们，生产中间产品的经营专家的劳动是很难定价的，而且对管理者活动的监督与考核也是存在困难的，所以这并不符合"企业和非对称剩余控制权、收益权可以将交易效率相对低的活动卷入分工"。

结构D体现的农业经营主体是农业龙头企业。在这一结构中，生产中间产品的经营专家当老板，雇用其他成员提供生产农产品的直接生产活动（ly），加上自己的经营服务来生产农产品。剩余控制权和剩余收益权均由资本控制，现实中的典型表现是"承租反包"，将交易效率相对较低的生产中间产品（x）的劳动（lx）活动卷入了分工。马晓河、韩俊等（2000）认为"承租反包"将农业变成了企业的"第一车间"，将农民变成了"工人"，进行企业化管理。这是对结构 D 的一个形象描述。农户在这一结构中只管生产，产前、产中、产后的其他工作均交给了企业。20 世纪 90 年代以来，随着劳动力市场的不断完善，这一组织形式的优越性不断体现，牛若峰（2002）指出龙头企业带动了全国农业产业化经营组织的数量从 1996 年的 11824 个激增到 2000 年的 66000 个。但是同样让我们感到困惑的是，虽然这样的企业化管理在工业领域的分工中适用，但是面对农业劳动监督难的问题，其对农户劳动的监督与考核成本也是很高的。所以许多农业龙头企业都愿意进行订单农业，即使该方式存在一定的市场风险。

综上所述，结构 C 和结构 D 虽然尽力把"交易效率相对低的活动卷入分工"，但是由于人力资本衡量困难的存在和农业生产的特殊性，应该会使得这两类农业经营主体很难发展，这与我们最近观察到的以这两类农业经营主体为代表的农业产业化迅猛发展的事实不符。若结合农民合作组织与农业龙头企业在农业中出现的外部环境，我们则可以得到合理的解释。这也是本章的主要着力点。

◇ 第三节　农民专业合作社的多元发展

在运用间接定价理论模型对中国农业经营形态的多样化进行统一的理论解释后，我们将农民专业合作社发展的外部环境（宽松的法律条件、友好的政策环境、大农小农分化和部门与资本下乡的大背景）加入模型进行考虑，对以农业经营形态为内核的农民专业合作社发展逻辑与利益分配机制进行系统的理论分析，以揭示其中一以贯之的逻辑并构建一个较为严密的理论框架。

首先，我们来分析农业龙头企业（结构 D）发展出的农民专业合作社。很明显，这类合作社就是被理论界痛批的"假合作社"（任大鹏、张颖、黄杰，2009；张颖、任大鹏，2010）。该类合作社就是利用当前宽松的法律条件和为了套取政策支持及相关补贴应运而生的，农业龙头企业是其内核，农民专业合作社只是该农业经营形态的一种表现形式，其执行的还是结构 D 的利益分配机制。"两块牌子、一套人马"是对这类合作社最形象的描述。这样的合作社也是农民专业合作社整体发展的组成部分，至少在统计学意义上是农民专业合作社发展总数的相当一部分，而且带动农户面也广，涉及的产业也多。根据上述对农业经营主体的解释，这类合作社的内核——农业龙头企业——其实是市场主体根据自身实际情况对中间产品、最终产品、生产中间产品的劳动及生产最终产品的劳动的交易效率进行综合比较后所选择的最优经营形态。在本章第二节的分析中我们知道，该类型存在的劳动监督问题会使其产生一定的交易费用；但是一旦成立了"假合作社"，并内化于农民经纪人或农业龙头企业的经营形态之中，则将在一定程度上抵消这一弱势，从而使农业龙头企业可以继续运行。但是这样一来，原本给兼业小农的政策优惠和各项补贴将被握有剩余控制权与剩余收益权的农业龙头企业窃取。兼业小农相比过去虽然得到一定的收益，但比起应当得到的则少之又少。

其次，我们再来探讨农民合作组织（结构 C）发展出来的农民专业合作社，按照《合作社法》，这类合作社应该是真合作社。但是按照间接定价理论模型的分析，农户分化中的大农资源多，从合作中所获经济收益多，他们有合作愿望且能承担合作过程的组织和管理成本，但是因为这些成本往往要比合伙制企业的组织和管理成本高，所以大农的联合更容易采用合伙制企业的方式。为什么他们要来组织成立合作经济组织呢？如果大农通过联合小农组成合作社，可以获得政府针对合作社的财政扶持和相关政策优惠，大农则会主动选择联合小农组建合作社。同时，政府对农民专业合作社的财政扶持和相关支持政策多通过部门下达，部门为了确保其经营性职能的扩展，多数选择和其经营和服务领域构成上下游关系的产品和服务组织合作社进行有针对性的扶持。资本下乡在实际的农业产业化过程中被赋予了"统"的层次功能，也乐于支付一定成本组织农民专业合作社，一方面可以获得政府这边的好处，另一方面可以享受交易成本的节约。

综上，部门、资本、大农便可以从各自利益出发，组建农民专业合作社，形成利益共同体，即政府、部门、资本、大农利益共谋，支付合作成本，使得"交易效率相对低的活动卷入分工"得以实现。此外，《合作社法》对农民专业合作社成立的低门槛、包容性规定（宽松的法律条件）也从侧面推动了大户领办型合作社数量的激增。如此，由以大户为主导的农民经济合作组织发展出来的农民专业合作社便成了当前农民专业合作社的主要形式。在上述合作社的兴办过程中，部门、资本、大农各自利用自身优势资源进行联合，联合后利从何来？利润很重要一部分来自盘剥小农的利益。这样的盘剥有三个层次：其一是合作社内部大农对小农的盘剥，其二是合作社对社外小农的盘剥，其三是大合作社对小合作社的盘剥。在优势资源拥有者即政府部门、资本和大农的共同利益驱使下，大农联合小农的大户领办型合作社成为合作社发展的主要形式。大农联合小农组建合作社的最初目的是获取国家财政扶持资金和相关优惠政策，自然不会真正完善合作社内部的民主管理和合作制度。因为若实现民主控制，则组织的剩余控制权与剩余收益权将在大农和小农之间平均分配，这显然是不符合大农利益的。如此，小农无法分享合作收益，其对交易成本的节约也只会止于社员的购销需求的汇集。在这样的合作社里，执行的是"大农吃小农"的逻辑。几个大户联合起来，其实质就是个合伙制企业（亦可以称为合作社里的"合作社"，这也就符合上述我们对该类农业经营形态的分析），许多情况下他们只是充当了一个中间商的角色，进行倒买倒卖。高价卖出农产品和低价买进生产资料、技术的对象都是部门和资本；另外，低价买进农产品和高价卖出生产资料、技术的对象是小农，因为小农没有退出同大农这一中间商的市场关系的选择（要不就是接受直接同部门和资本打交道的更高的市场价格和交易成本），只能接受大农的盘剥。总之，在合作社发展过程中，政府部门从中获利的同时体现了其扶持专业合作社发展的公益性目标，资本在赢利的同时获得了扶农的美誉；而带有企业性质的大农一边盘剥小农，一边向政府部门要钱；小农在这个过程中也许分到了一杯羹，但是比起应得的还是少得可怜。

最后，我们再来分析一下农民经纪人（结构 B）的情况，这一农业经营主体是否也可以发展出农民专业合作社呢？现实告诉我们，答案是否定的。究其原因，我们发现因剩余权利的对称分布使农民经纪人没有动力去成立农民专业合作社。这一点在现实中可以找到依据——很多小商小贩愿意上门服务（包括农资供应、农机服务、农产品收购等）而与农民合作组织和龙头企业形成了竞争。农户与农民经纪人之间存在的是产品市场，剩余权利在农户与农民经纪人之间是对称分布的，农民经纪人并没有掌握剩余权利的控制权与收益权。在这种情况下，农民经纪人去组织农民创办农民专业合作社并打算以此来获得政府支持与相关利润的想法是无法实现的。用农民经纪人自己的话说是"不划算"，因为单单为了成立合作社而去获得农户的信任需要很大的成本。但是如果地方对成立合作社太过随便，则农民经纪人完全可以在农户不知情的情况下用农户信息申请成立合作社，这也将构成"假合作社"的一部分。

综上所述，正是因为宽松的法律条件（门槛很低、成立方便等）、友好的政策环境（政策支持、条件优惠、部门引导、基层发动等），以及大农、小农分化和部门、资本下乡的大背景（资本、部门、大农、政府形成利益共谋创建农民专业合作社），促进了各种农业经营主体向农民专业合作社的转型和与农民专业合作社的连接，以此形成了农民专业合作社发展的"繁荣"局面。而兼业小农在转型过程中则成为被盘剥的对象。

◇ 第四节　农民专业合作社的案例分析

《中华人民共和国农民专业合作社法》（以下简称《合作社法》）的订立就是试图使农民专业合作社的发展走上规范化道路，但是，即使有了法律，中国农民专业合作社的发展还是呈现出异质性和不规范的特点。合作社发展的异质性和不规范仅是其发展初期的必然现象，还是会随合作社的进一步发展而趋于一致和规范？这其中有什么样的内在形成机理？各类专业合作社中的利益分配遵循的是什么逻辑？结合上文基于间接定价理论模型的理论分析，选取 2009—2010 年 Z 省和 S 省的各 1 个合作社案例①，尝试对以农业经营形态为内核（案例一为农业龙头企业，即结构 D；案例二为农民合作组织，即结构 C）的农民专业合作社的发展逻辑及其内在的利益分配机制进行案例分析，以期给读者更直观的认识。

一 "我们的社长就是公司的老总"

Z 省 X 县土鸡蛋专业合作社成立于 2003 年 5 月，从事土鸡蛋和土鸡生产回收、销售业务，B、T、P 等乡镇 1245 户的土鸡养殖户是其社员。合作社养殖规模逐年扩大，至 2007 年，年饲养量突破 20 万羽，年产土鸡蛋 150 吨，实现销售收入 860 多万元。养殖是充分利用 X 县境内的大量果园、林地、农户宅旁的空闲地，不饲喂工厂化生产的配合饲料、药物、添加剂，专以虫草和

---

① 引自笔者的合作者楼栋在参与浙江大学郭红东教授主持的课题时获得的资料。

农户自产的粮食为饲料。生态养殖基地达 1200 亩，确保土鸡蛋的质量和风味，专门辟出 45 亩养殖蚯蚓。合作社同时还制定"X 牌"土鸡蛋质量标准和农户质量管理手册，负责全程监督"X 牌"土鸡蛋。2007 年获"Z 省农博会金奖"和"T 市规范化农民专业合作社"称号。

2009 年某月某日，X 县土鸡蛋专业合作社员工免费为 P 乡 85 户农户送去 4000 多只已经饲养了一个多月且做好防疫程序的鸡苗。上午 8 点不到，当满载着鸡苗的车开到 P 乡政府时，已经等候在这里的村民们马上围了上来，大家按照各自的家庭条件领走鸡苗。S 村 L 某，一家 4 口人，自己长年在家务农，孩子读书，家里经济比较困难。他领去 50 只鸡苗，说道："一直想养鸡，没钱买小鸡，又缺少技术，不敢养。现在合作社免费送小鸡给我们养，而且在技术上又辅导我们，今年我家养这 50 只鸡，日常开销就不用愁了。"G 村的 F 某，家里有 4 口人，无经济来源。他也领去 50 只小鸡，表示要从养鸡开始，走上致富路。合作社负责人说：合作社总结以往农户饲养小鸡困难、成活率不高的经验，这次免费送给低收入农户的鸡苗，合作社先饲养 30 多天，并做好了全程防疫，确保农户养殖成活率达到 100%；

合作社宣传的是"低收入农户只要饲养 50 只土鸡，就可以增收 3000 元以上"，但也只能当作合作社的宣传策略，当我们一再请求让他们进行逐步的财务计算时，便没法得到如此的数目。

经过我们的深入了解和多方访谈，发现这里的"免费"指的是免运费，并不是免去鸡苗的费用，鸡苗费用将在土鸡蛋或者土鸡收购时进行计算，在领取鸡苗时也需要押金。整个运作过程如下，合作社承担向农户提供鸡苗、专用饲料、技术与管理服务和保证以一定的价格收购农产品的义务，农户则按企业的要求进行饲养与管理，承担把全部产品卖给企业的义务。农户在其中扮演的是土鸡饲养员的角色，而合作社则得到了稳定、优质的货源。其实，X 县土鸡蛋专业合作社的背后是一家饲养及销售土鸡、土鸡蛋的农业龙头企业。该公司成立于 2001 年 3 月，当时共有合作农户 119 户。前些年，该公司以"公司 + 农户"的模式带动低收入农户饲养土鸡致富，之后由于业务扩展，公司模式发展成为"公司 + 基地 + 农户"，规模不断扩大。合作社地处 X 县 B 镇，原来的扶持都以 B 镇农户为主，现在规模扩大后，扶持逐渐向周边乡镇农户扩展，现在的模式逐渐变成"公司 + 合作社 + 基地 + 农户"。

　　提起这家公司，合作社社员 C 某回忆起了当年的订单农业，"最初，我们是与公司订合同的，其实这公司就是合作社。合作社就是公司，合作社社长就是公司的老总。我们签订的是购销合同，公司不给我们提供鸡苗、技术、管理和相关服务，我们可以根据市场价格和公司讨价还价，这样的合同对我们的约束也不强。我们还是要看市场，只要我们的鸡和鸡蛋质量好，销售总是没有问题的。很多商贩都会来上门收购。这样公司往往要吃亏，于是他们便开始供应养殖的产前、产中和产后服务，我们看样子就成了专业的养殖工人。不过这样也有好处，至少我们不用担心养殖中的鸡苗疫病问题，技术服务也更有保障，更省心些。至于合作社，有和没有无所谓，只是多了一块牌子而已"。当提到合作社社员的权利时，陈某感慨道："我们一般不开会的，更没有选举权和表决权，最多是一起去上上课，学点技术；我们也知道合作社成立可以享受到政策优惠，但是这和我们是没有关系的，也没有人会去在意这些，在意了也没有用，我们只要把鸡养好就行。不过合作社也算是有形式，会有几个代表的，开开会，讨论一下怎么做福利，算是工会吧。"一位养殖规模比较大的农户还是存在一定的担忧和烦恼："合作社销路好，那大家都好；如果过几年合作社撑不下去了，那我们的固定投资（养鸡场）就收不回来了，而且销路不好时合作社收鸡不及时，我们得多用饲料，这样合作社就把风险压到我们头上了。"

通过上述对该案例的分析，根据前文建立的模型，我们可以得到如下推导。该案例中，农户和龙头企业根据自身实际情况对中间产品、最终产品、生产中间产品的劳动及生产最终产品的劳动的交易效率进行综合比较后，选择了剩余权利赖以实现的最优组织结构——农业龙头企业（公司），农户成了养殖工人，即形成结构D。

而由该公司发展出来的农民专业合作社说到底就是"一套人马，两块牌子"，"我们的社长就是公司的老总"，政府对合作社的各项优惠政策和补贴也不可能落实到兼业农户的身上，因为企业享有剩余权利的控制权和收益权。在这一过程中，兼业小农可能会在收入上体现出一定程度的增长，但是比起其应得的还差之甚远。在这样的合作社中，无论其内部治理结构如何进行调整，最终具有决定权的还是农业龙头企业，而这一农业经营形态的存在是市场主体选择的结果，就连运作较好的"T市市级合作社示范社"的负责人都感慨道："合作社还是没法和企业竞争的，合作社若要规范，则要处理的问题太多，决策太不方便。"

二 "合作社里还有合作社"

S省A县惠农果蔬专业合作社于2008年4月正式挂牌成立。目前，该社集果蔬生产、集中购销、社员培训等服务于一体，拥有社员139人和两万多亩果蔬生产基地。在理事长L某看来，合作社之所以有今天的成效，主要得益于七年柠檬协会的经历。果蔬合作社的前身是A县X镇柠檬生产技术推广协会。1999年，曾经红极一时的A县柠檬产业一落千丈，收购价格由前一年的4元／斤跌至1元／斤。而销售市场上，收购商"一斤果付八两钱"的现象普遍存在，严重侵蚀着柠檬种植农户的利益。承包80多亩柠檬园的果农H某思考着如何维护自己的利益。2000年，媒体上一篇柠檬协会的报道，让他萌生了筹建协会的想法。H某将此想法与时任镇农机站站长的Y某交流后，两人一拍即合。随后，他们又找到L某等四位柠檬大户，每人出资五万元，集资30万元。2001年4月，A县X镇柠檬生产技术推广协会挂牌成立，Y某任会长。这个由大户自发组建的协会班底，为日后的惠农合作社打下了基础，而镇农机站的背景也令其在享受政府政策优惠方面占据有利地位。

2008 年 4 月，在县农委农办掀起合作社兴办高潮的鼓励下，在柠檬协会的基础上，A 县惠农果蔬专业合作社顺利组建，已 72 岁的 Y 某退居二线，40 岁的 L 某被推选为理事长，该过程是由 6 位大户（理事会，即合作社里的合作社）协商决定的。惠农合作社由此完成了从专业协会到农民专业合作社的成功"转身"。目前，惠农合作社的成员分为普通社员和固定股东两类，凡是当地从事农业生产的农户，在上交入社申请书后，经理事会研究同意，即可成为普通社员。社员入社不收费，可以享受免费培训、获得简报、按交易量返还（计算时主要通过价差）等权利。H 某介绍，普通社员入股者可成为固定股东，1 万元 1 股，最低 1 股。在自愿的基础上，合作社欢迎所有社员成为股东。目前，惠农合作社拥有 13 个固定股东，成员出资总额 138 万元。X 镇 S 村村委会的 R 某就是惠农合作社的新股东，2008 年，他以 18 亩土地入股加入合作社，经评估作价 12 万元。

"盈余返还，培训只是惠农合作社的对内服务，真正吸引农民入社的法宝是合作社的统一购销。"大户社员 Y 某承包了 20 多亩、大约 600 棵柠檬树，每年需要

1.5 吨左右肥料。通过合作社统一购买，每吨可以节省50 元钱的成本。"省钱虽然不多，但最关键的是质量有保证"，Y 某笑着说。在销售环节，合作社的"公平秤"让 Y 某感到放心。在柠檬销售市场上，"八两秤"的现象不同程度地存在，如果将柠檬销售给其他零散中介，很可能遭到不知情的"盘剥"。而惠农合作社收购柠檬，则打破了这一市场潜规则。2008 年，杨某与合作社的交易量为 6 吨柠檬。年底，他获得 300 元的返还金。Y 某称："据统计，去年惠农合作社共购买总价值39 万元的化肥，集体销售柠檬、桃子等果蔬 1386 吨，在合作社一购一销中，社员们在生产上降低了成本，而在销售上获得了经济增量。"但是经过多方的访谈了解，发现这其实只是合作社的表面现象。

小户社员 A："别忘了，其实合作社也就是个农资买卖商，以前有商贩上门来推销农资、收购柠檬，其实也并不见得比合作社的差；现在有了合作社，我们不好意思和小商贩们打交道了；合作社赚钱的应该就是那几个大户。"小户社员 B："之前合作社聘请了农机顾问、农技顾问、销售顾问、财务顾问，但这笔账怎么算的，没有人能说清楚。"小户社员 C："大户们拿出了自己家作为办公场所，好像吃亏了；但比起他们用合作社名义圈的地的收益，那就微不足道了。"小户社员 D："合作社算的账和我们不一样，他们把市场的农资和果蔬的购销价都处理过了，我们信息不灵通，也不去关注这些。而且县里给合作社的补贴我们都不知道的。"小户社员 E："对大户有好处，他们开会商量事情，拿政府补贴；其他不说，农机补贴都是他们拿的。我们不可能参与，其实参与了也没用。"小户社员 F："剩余返还是意思一下的，再说不是人人有返还，其实是由于有几户的果子好，给的奖励。其实合作社和企业差不多的，几个大户开的。我们买卖农资，哪里好就去哪里。而合作社对外起到一个销售中介的作用，每斤水果向收购商收 0.2 元左右的服务费。"小户社员 G："每年水果销售旺季，重庆、北京、郑州、深圳等各地的收购商便会主动跟惠农合作社联系，以前他们都是自己过来和我们谈判的，现在有合作社，谈判的事就交给了合作社，我们没有谈判的权利。"当地非社员 H："合作社并不强制规定社员要通过合作社销售水果，但由于合作社在当地统一购销的影响力早已名声在外，当地果农只能选择合作社，没有其他选择。""据惠农合作社的财务报表，2008 年度合作社总盈余为 30.3 万元，在盈余的分配中，3.6 万元做公积金，用于合作社的扩建和基础建设，其余

26.7 万元按照交易量和股金返回给社员。老实说主要还是股金收益。"一位合作社办公室成员说。由上述小户社员的陈述和非社员的观察，由于合作社规章制度和信任约束以及其购销规模大，小户只能通过合作社进行购销；而在收益分配中，资本入股和有控制权的大户分去了总收益的大部分，小户社员对于经营事务的知情权和决策权没有保障，所得收益份额很少。

合作社的带头人并不满足于此。2007 年始，筹办干果加工厂的计划就开始在 L 某等人中酝酿。2008 年，合作社以吸纳入股的方式租用 18 亩土地，以备建厂。"现在还差 200 多万元的资金"，L 某透露。合作社不指望能从银行得到贷款，他们更希望社员们以入股的方式加盟，合作社现有 139 个社员，每人 1 万元，就可以筹集到 139 万元。大户社员 I 认为："（让小户出钱）但是小农户一般都不出钱，到合作社买卖东西就好了，出钱不放心。"他觉得真要办厂，还得靠合伙，没办法通过合作社。所以表面上由这类大户带头的农民专业合作经济组织发起成立的农民专业合作社可以做出业绩，但是视角一转变，我们还是可以发现之前的分析逻辑，兼业小农还是受到"盘剥"。

◇ 第五节　结论性评述

本章运用间接定价理论模型，首先对中国农业经营主体的多样化进行了统一的理论解释，其次结合农民专业合作社发展的外部环境并应用多个具体的案例对以农业经营主体为内核的农民专业合作社多元发展逻辑进行了实证分析。研究结论如下：农业经营主体多样化是各个市场主体根据自身实际情况对中间产品、最终产品、生产中间产品的劳动及生产最终产品的劳动的交易效率进行综合比较后，选择不同的剩余权利赖以实现的最优组织结构的结果；作为农业经营主体载体的农民专业合作社是由农业分工后的农民合作组织、农业龙头企业两类农业经营形态在宽松的法律条件、友好的政策环境，以及大农、小农分化和资本、部门下乡的大背景中发展出来的，而兼业小农在农业经营主体向农民专业合作社转变的过程中注定是被盘剥的对象。

在一定意义上，农民专业合作社的发展并没有给兼业小农带来好处，反而破坏了市场主体根据自身实际情况对各类交易效率进行综合比较后所选择的最优组织结构，几种农业经营形态向农民专业合作社转变均以小农利益被盘剥而得以运作。这类专业合作社并不能解决小农在市场上的弱势地位，也不能帮助小农加入生产环节之外的加工和经营环节，获取更多利润。目前，财政支持成为政府支持农民专业合作社发展的主要手段，但是财政投入总量不可能满足所有合作社的发展需要，也不可能普惠所有农户。通过本章案例分析可知，合作社财政支持和相关优惠大多都随着小农对剩余控制权和剩余收益权的丧失而丧失，涉农部门的营利性部门性质和资本下乡的实际格局使得当前财政投入并不足以引导出一个健康发展的农民专业合作社发展格局。我们一定要警惕示范合作社建设过程中的"扶大扶强"和合作社发展过程中"大农吃小农"逻辑的延续而带来的合作社分化和农民分化进一步加大的趋势。

第 三 章

农业社会化服务体系的"部门化"
及其弊端

农业社会化服务体系是农业经营体系的重要组成部分，其建设已历经多年，但收效并不明显。在 20 世纪 80 年代初确立家庭承包经营制度之后不久，国家对发展农业的社会化服务提出要求；[①] 在 20 世纪 90 年代初，正式提出建立农业社会化服务体系，并将其作为农村经济体制改革的重要任务[②]；1998 年和 2008 年，中共中央又两次在中央全会文件中对其做出部署[③]。但是，截至今日，在中央政策文件中，农业社会化服务体系仍被

---

① 《当前农村经济政策的若干问题》，1983 年中央一号文件，载《中共中央国务院关于"三农"工作的一号文件汇编（1982—2014）》，人民日报出版社 2014 年版。

② 1990 年 12 月《中共中央、国务院关于 1991 年农业和农村工作的通知》，《中华人民共和国国务院公报》1991 年第 42 期。

③ 1998 年 10 月 14 日中国共产党第十五届三中全会通过的《中共中央关于农业和农村工作若干重大问题的决定》和 2008 年 10 月 12 日党的第十七届三中全会通过的《中共中央关于推进农村改革若干重大问题的决定》。

视为要加以"健全"的制度，官方总结仍然认为其并没有发挥出应该发挥的作用。这就带来一个问题，中国农业社会化服务体系未能成功构建的症结何在？

　　本章通过对农业社会化服务体系内涵和演变过程进行分析，认为农业社会化服务体系建设政策是回应了农业和农村发展需求、方向正确的政策，但是，政策推行方式存在问题，由部门落实、各部门自建服务组织体系的"部门化"路径使这一政策迟迟没有取得应有效果。要真正使农业社会化服务体系服务农业和农村发展，就必须革除"部门化"的弊端，真正做到"去部门"①。

◇ 第一节　农业社会化服务体系与农业经营主体共生共变

　　农业社会化服务体系和农业经营主体的状况有密不可分的关系。农业社会化服务体系是为农业经营主体提供各方面服务的，因应农业经营主体的变化，它才有逐步确定的内涵。理解农业社会化服务体系的内涵，其实

---

　　① 仝志辉：《我国农村社会化服务体系的"部门化"及其改革》，《理论视野》2007 年第 8 期。

就是理解农业经营主体的变动情况，以及对这一主体变动在农业服务方面的政策回应。

"农业社会化服务体系"是中国农业政策用语，正式见诸政策文件是在 1990 年。杜润生称它是"中国式的名称"。所谓"农业社会化服务"主要是指对农业（农林牧渔）生产的各种产前、产中、产后服务。"农业社会化服务体系"，比较通行的解释是"为农业生产提供社会化服务的成套的组织机构和方法制度的总称。它是运用社会各方面的力量，使经营规模相对较小的农业生产单位，克服自身规模较小的弊端，适应市场经济体制的要求，获得大规模生产效益的一种社会化的农业经济组织形式"[①]。这一解释比较隐晦地提出了"社会化"这一用词的两个针对性：第一，"社会"是指农户和政府之外的多元化的"社会力量"；第二，服务要获得类似社会化生产的规模化收益，"社会化服务"意味着"服务的规模化收益"。这一定义表明，农业社会化服务体系作为一种农业经济组织形式，要使经营规模相

---

① 这一解释最早参见《农林词典》，《中国花卉报》2002 年 7 月 25 日，后来在 2006 年 11 月 26 日由网友在百度百科（http://baike.baidu.com/history/农业社会化服务体系/985589）创建"农业社会化服务体系"时使用，并一直沿用。由于百度百科经常被查阅，这一解释就进入了很多对农业社会化服务体系进行研究的论文之中，一些重要论文也沿用这一解释。这些事实显示了目前在电子化文献中该词通用解释形成的简单过程。

对较小的农业生产单位可以获得大规模效益。在贯彻"社会化"这两个针对性上，有关政策在推动形成各种"社会力量"上作用明显，但在使服务产生规模化收益方面收效不佳，更主要的是，在使规模化收益被经营规模相对较小的农业生产单位获得方面收效不佳。

家庭承包制改革是改革 30 多年以来农业经营主体变化的起点，也成为农业服务方式变化的初始原因。在改革的最初阶段，小规模农户占据农业经营主体的绝大部分。随着市场化进程，农户开始发生分化，经营内容不断发生变化，一部分农户成长为专业性农户，一部分农户成长为半工半耕的兼业农户。① 从 20 世纪 90 年代到现在，在国家不断推动规模经营的政策鼓励下，专业性农户的土地规模和经营规模不断扩大，从而成长为家庭农场、农业专业合作社、本地农民或外来资本创办的农业企业也大量涌现。在农业生产主体中，出现了兼业中小农户、专业大农户、专业合作社和农业企业等类型的分化，后三种被政府作为"新型农业经营主体"特别加以扶持。

农业经营主体的上述变化相应地要求农业服务方式的变化。它们需要来自外部主体的更专业化的服务。新

---

① "半工"指农户中的农业剩余劳动力到当地乡镇企业和城市工业企业中务工，"半耕"指家庭中除了从事工业的劳动力之外的劳动力在农业当中就业。

型农业经营主体既是农业社会化服务的需求者，更是农业社会化服务的供给者。对于兼业小农户，它们还可以提供服务，它们也向自身提供服务。现在的农业社会化服务需要针对两类主体，即兼业小农和新型农业经营主体，建立起农业社会化服务体系，这两类主体的服务体系有时可以统一，有时则需要分立。

1978 年以后，中国农村普遍推行家庭承包制，农户的农业生产迫切需要各类服务。1983 年中央一号文件首次提出"社会化服务"的概念。[①] 1984 年和 1986 年的中央一号文件提出了"社会服务""商品生产服务体系""生产服务社会化"的概念，之后出现了"系列化服务""一体化服务"等提法。在对社会化服务内容规定上，1983 年中央一号文件指出："当前，各项生产的产前产后的社会化服务，已逐渐成为广大农业生产者的迫切需要。"1984 年中央一号文件从加速实现社会主义农业现代化的高度，提出"必须动员和组织各方面的力量，逐步建立起比较完备的商品生产服务体系，满足农民对技术、资金、供销、储藏、加工、运输和市场信息、经营辅导等方面的要求"。1986 年将"组织产前产后服务"

---

① 《当前农村经济政策的若干问题》，1983 年中央一号文件，载《中共中央国务院关于"三农"工作的一号文件汇编（1982—2014）》，人民日报出版社 2014 年版。

作为农村工作总要求之一，并提出"农民对服务的要求也是各式各样的，不同内容、不同形式、不同规模、不同程度的合作和联合将同时并存"，首次对服务供给方式与形式做出明确要求。但上述文件主要是应急性的工作部署，未触及实质性的常态体制和制度建设。

1990 年 12 月《中共中央、国务院关于 1991 年农业和农村工作的通知》正式提出建立农业社会化服务体系。[①]1991 年 10 月 28 日《国务院关于加强农业社会化服务体系建设的通知》定义，"农业社会化服务是包括专业经济技术部门、乡村合作经济组织和社会其他方面为农、林、牧、副、渔各业发展所提供的服务。包括物资供应、生产服务、技术服务、信息服务、金融服务、保险服务，以及农产品的运输、加工、贮藏、销售等各个方面"。对各类主体的作用，则描述为"要以乡村集体或合作经济组织为基础，以专业经济技术部门为依托，以农民自办服务为补充，形成多经济成分、多渠道、多形式、多层次的服务体系"[②]。至此，对农业社会化服务体系的组成机构、服务内

---

① 《中共中央、国务院关于 1991 年农业和农村工作的通知》，中发〔1990〕18 号，新华网，http：//news. xinhuanet. com/ziliao/2005 – 02/18/content_ 2590715. htm。

② 《国务院关于加强农业社会化服务体系建设的通知》，1991 年 10 月 28 日，农业部网站，http：//www. moa. gov. cn/zwllm/zcfg/flfg/200601/t20060120_ 539606. htm。

容、服务方式等第一次有了全面完整的定义描述，但这一描述也主要是从服务兼业农户为经营主体的角度出发的。

1991 年文件发布之后相当长的时间里，乡村集体经济和合作经济组织发展并不理想，各部门主导的专业经济技术机构则逐步朝营利化方向发展，农业的公益性服务不断被削弱，农业社会化服务体系不能满足农业经营主体的需要。① 到了 21 世纪，面对粮食安全的严峻形势和新型经营主体服务需求的急剧增加，国家不得不再次大力促进农业社会化服务体系建设。1998 年《中共中央关于农业和农村工作若干重大问题的决定》提出："建立以家庭承包经营为基础，以农业社会化服务体系、农产品市场体系和国家对农业的支持保护体系为支撑，适应社会主义市场经济要求的农村经济体制"②。

---

① 这一现象，直到现在也没有得到很好的改进。承担着土地承包管理、集体资产管理、农民负担监管和指导农业产业化、农民专业合作社、农业社会化服务等重要政府职能的乡镇级农经管理机构，2010 年与 2000 年底相比，绝对数量减少了 8147 个，在编人数减少了 25018 人，大多数是与其他机构合并设置的综合机构，单独设置的机构仅占汇总乡镇数的 34.2%，单独建站率比 2000 年下降了 61.4 个百分点。据 2010 年全国农村经济情况统计，在列入统计的 59.3 万个村集体组织中，无统一经营收益的有 31.4 万个，占总村数的 53.0%，超过 90% 平均经营收益不足 2.4 万元。参见农业部经管司、经管总站研究小组：《构建新型农业社会化服务体系初探》，中国农经信息网 2013 年 1 月 2 日，http://www.caein.com/index.asp? xAction = xReadNews& NewsID = 86751。

② 《中共中央关于农业和农村工作若干重大问题的决定》，1998 年一号文件，载《中共中央国务院关于"三农"工作的一号文件汇编（1982—2014）》，人民日报出版社 2014 年版。

农业社会化服务体系成为农村经济体制的组成部分。2008 年《中共中央关于推进农村改革若干重大问题的决定》提出"加快构建以公共服务机构为依托、合作经济组织为基础、龙头企业为骨干、其他社会力量为补充，公益性服务和经营性服务相结合、专项服务和综合服务相协调的新型农业社会化服务体系"①。这里对农业社会化服务体系的描述切合了新型农业经营主体不断成长的现实，将其视为服务主体，同时，对于服务的类别做了区分，强调各类服务要结合和协调。这一描述仍然被目前的政策文件所遵循。

与 1991 年国务院文件对农业社会服务体系的描述相比较，这里对于农业社会化服务体系的认识有了相当大的改变：没有了乡村集体经济组织，增加了龙头企业，农户自办服务为补充变成了其他社会力量为补充，并明确提出了公益性服务和经营性服务相结合、专项服务和综合服务相协调。一方面是对现实的服务组织多主体发展格局的承认，另一方面表达了一种在功能上的期许，突出了"公益性服务和经营性服务相结合，专项服务和综合服务相协调"。对于体系中哪些主体是基本

---

① 《中共中央关于推进农村改革发展若干重大问题的决定》，《人民日报》2008 年 10 月 20 日第 1 版。

主体，哪种主体是主动力量，已经不再明确。可见农业社会化服务体系建设在具备了多主体、多层次的体系基础后，重点转向继续拓展服务领域、完善服务机构和创新服务体系方面。

◇ 第二节　农业社会化服务体系的"部门化"

随着农业经营主体的变化，农业社会化服务体系的内涵逐步得到明确，并不断调整服务组织发展的重点，但仅是强调多经济成分、多渠道、多形式、多层次，并没有保证体系可以建成、服务可以完善提供。对于这一体系的完善建立和具体运作的结构原理，政策文件至今没有充分阐明。"部门化"的弊端正是在这种并不清晰的工作格局中逐步发展起来的。

从服务主体的角度，部门不会被作为服务主体，但在定义社会化服务体系时，人们又将农业行政主管部门和涉农的行政部门列入其中。《农民日报》的一篇文章对"新型农业社会化服务体系"的权威解读就典型反映了体制内外的普遍认识。① 在这种认识之下，将部门作为农业社会化服务体系的必要组成部分，并在其中承担分配资源、发展组织和评价成效的职责，因此"部门化"的农业社会化服务体系应运而生。

一　部门主导或扶植多个服务主体的成长

农业社会化服务的初始形态由各部门主导形成。在人民公社时期，相继建立了农业技术推广站、农业机械管理站、水利站、畜牧兽医站、经营管理站、供销合作社、粮管站、文化站、广播站和卫生院，但条条色彩浓，部门色彩弱。在 20 世纪 80 年代，按照各部门分头推进的方式，对应中央各部门，农业社会化服务发展起了农机、水利、植保、气象、种子、农资、农技、外贸、金融、农教等各项服务。在中央一系列

① 陈建华：《新型农业社会化服务体系及运行机制》，《农民日报》2012 年 7 月 21 日。文中说，"新型农业社会化服务体系是由农业部门和各涉农部门、企业事业单位、各类经济组织、社会团体等各种社会力量参与组成"。"农业部门：包括农业、林业、水利、气象等农业行政部门。涉及农业的部门：包括科技、教育、发改、财政、金融、商务、工商、税务、人力资源与社会保障、卫生、民政、工业与信息化、广电、交通、电力、环境保护、动植物检疫、食品与药品监督等相关部门。"此外，在农业部另外的解说文本中，把下面的组织也列入其中："党组织系统的组织、妇联、共青团、科协等相关部门也参与了农业社会化服务工作。各种社会力量有：涉农企业、商业性金融机构、合作经济组织等企业性质的单位；各类协会、学会、基金会等社会团体。"参见农业部软科学委员会办公室编《农业经营体制改革与制度创新》，中国财政经济出版社 2013 年版。

文件精神下，各部门各自制定加强对农服务的措施，包括逐级建立和完善服务机构、加强财政资金支持。很多有部门撑腰的服务结构在一定区域内提供垄断服务，而在财政支持不能完全覆盖的领域，则提出发展市场化的经营性服务组织。

在20世纪90年代，当意识到发展多元化组织的同时还要让它们形成体系时，各部门的服务组织已经在一定程度上发展壮大，部门和服务组织的利益已紧密相连。要继续构建或健全农业社会化服务体系，已经无法离开一个部门化的体制。在谋求建立体系时，又过分倚重农业行政管理部门的力量，总体而言仍是走部门推进的套路，农业和非农业机构的涉农部门、各类服务组织都被作为农业社会化服务体系的组成部分，这继承了80年代的多主体构成特征，进一步推动各涉农部门被纳入体系建设之中。①

二 农业社会化服务体系的推进体制由多个部门构成

构建农业社会化服务体系的任务提出后，农业部门

---

① 全志辉：《论我国农村社会化服务体系的"部门化"》，《山东社会科学》2007年第7期，第50—52页。

和与农业有关的部门被赋予相关任务。2011 年，在国务院关于落实"十二五"规划纲要主要目标和任务分工的国发〔2011〕34 号文件中，则明确由农业部牵头落实"健全农业社会化服务体系"工作，农业部明确由经管司牵头落实此项工作。① 这就在中央层面上明确了由农业部主导和部门协调的机制。2014 年《国务院关于落实〈政府工作报告〉重点工作部门分工的意见》中将包含"健全农业社会化服务体系"的多项工作作为"积极推进农村改革"的内容赋予了农业部等 11 个部委。农村改革的多项内容虽可再分，但各项改革内容之间却密不可分，其中包含由农业部等 11 个部委共同承担的"健全农业社会化服务体系"内容。②

　　在健全农业社会化服务体系工作中，有职责的部门

---

　　① 《国务院关于落实〈中华人民共和国国民经济和社会发展第十二个五年规划纲要〉主要目标和任务工作分工的通知》，国发〔2011〕34 号文件，参见 http://www.51wf.com/law/118229.html。

　　② 这一文件中明确："积极推进农村改革。坚持和完善农村基本经营制度，赋予农民更多财产权利。保持农村土地承包关系长久不变，抓紧土地承包经营权及农村集体建设用地使用权确权登记颁证工作，引导承包地经营权有序流转，慎重稳妥进行农村土地制度改革试点。坚持家庭经营基础性地位，培育专业大户、家庭农场、农民合作社、农业企业等新型农业经营主体，发展多种形式适度规模经营。培育新型职业农民。完善集体林权制度改革。加快国有农牧林场改革。健全农业社会化服务体系，推进供销合作社综合改革试点。农村改革要从实际出发，试点先行，切实尊重农民意愿，坚决维护农民合法权益。"文件明确，以上工作由农业部、国土资源部、住房和城乡建设部、林业局、国家发展和改革委员会、财政部、人民银行、银监会、供销合作总社、商务部、水利部负责，农业部排在第一位。

有 10 个以上，但农业部仍然是责任最大的，并非常积极主动地承担着主要职责，作为国家"十二五"规划期间重点工作之一，国务院也明确农业部为其牵头单位。

在地方层次，更是可以见到多部门共同参与农业社会化服务体系建设工作的局面。以市县范围为例，既有政府涉农行政部门，如农业局、科技局、发改委等，也有涉农事业单位，如气象局、农机站、农技推广中心等，也有逐步转为企业经营的经济组织，如供销社、信用社等，还有以农户为主体的专业合作经济组织，如科技协会、专业合作社等，此外还有数量不断增加的农业龙头企业等。即使是农民作为股东或决策主体的农民专业合作经济组织也多在部门的扶植下成长起来，龙头企业也和部门有着千丝万缕的联系。

负有农业社会化服务体系建设职责的农业部各司局，可以在农业部内部协调各种政策，并要求和指导各省农业厅加以实施，但是，对其各自工作职责涵盖的各类农业社会化服务组织，它们并不能直接接触，对这些组织和农户提供服务的环节，也仍然不能施以有效的影响。这使得构建良好的农业社会化服务组织和农户的关系脱离了农业社会化服务体系建设政策能够加以影响的范围。即使在农业部内部，各个司局之间的协调也并不容易实现。由于不可能在农业部设立一个单独的农业社会化服务司，有关司局仍然不可能集中精力面对农业经营主体的需求。

◇ 第三节　农业社会化服务体系"部门化"运行的弊端

在中国农业社会化服务体系的运作中，其实有四个主体：中央、部门、地方政府、中小农户或规模经营主体。下面分析这一体系运作依赖部门带来的弊端。

一　部门竞争导致体系建设迟滞

农业社会化服务体系的部门化，在中央层面，首先会遇到在部门协调和资金分配上的问题。中央各部门竞争农民的服务需求和财政资源，逐步形成部门特有利益。部门化的多主体的不正当竞争还会给为农服务带来效率和公信度损失。复杂的服务主体和范围的交错状态使得中央政府很难规范和监管，只能更依赖在部门内部自我加强规范和监管。而对于超越部门利益的服务体系的搭建，农业行政主管部门本身就是其中的利益主体，因此很难在各部门中服众，体系构建的任务只能被延滞。

在地方政府层面，部门之间协调相当困难。如在2012年农业部召开的关于健全农业社会化服务体系的座谈会上，辽宁省代表就认为：由于体制原因，辽宁省农业社会化服务的许多工作其他部门也在做，农经部门难以协调。[①]

各涉农部门的工作体制依赖"条条"结构，一般从中央直到乡镇，有的延伸到村。当这些部门和农户综合性的服务需求对接时，一方面部门的多级组织为满足农户多种需求而主动扩大服务范围，另一方面新生的各级主体（如合作社、农户办私营农业企业等）也开展同部门一样的同类服务，就使得在各不同部门的同级组织之间、部门化的组织同新生组织之间，针对相同的服务需求展开竞争。因为有部门行政权力的支持，竞争不是公开、公平的，也不贯彻优胜劣汰的规则，从而导致

---

① 农业部农村经济体制与经营管理司、农村合作经济经营管理总站：《共商破解构建新型社会化服务体系建设难题——全国农业社会化服务现场交流研讨会综述》，2012年10月18日，中国农经信息网，http：//www. caein. com/index. asp? xAction = xReadNews&NewsID = 83343。

部门重叠提供相同服务需求，无利可图的公益性服务需求则无法满足。

二　多种服务之间不能衔接，服务效率低下

多种服务主体在部门化、层级化的体制下能够促成单项服务的专门化。但如果多部门竞争一项服务需求，且不能优胜劣汰，必然造成对财政资源的过量要求。如农技推广，农业部门能够提供，科技部门也能够提供，农技推广方面的资源浪费就十分惊人。但在某些专业分类较为合理的领域，复杂主体格局会促进服务的专业化，如气象、水利、农电等，但农户需要的是能够组合各种专业服务的综合服务，专业化水平高但分属不同主体，不同主体背后又是不同部分，就使得衔接和组合各项服务的难度增加。面对这些矛盾，地方政府则只能以"中心工作""联席会议"乃至提到政治任务高度来要求提供某项农户急需的服务，或者强行组合有关服务，但由于服务被部门人为分割，效果不会很好。当各级政府在运用行政力量组合部门化的专门服务工作不力或不到位时，农户只能分头寻求服务，获取服务的成本自然就增加了。部分农户直到今天还在面对的农用生产资料价格居高不下和服务环节价格过高问题都与服务主体背

后的部门化运作有密切关系。

三 营利性服务缺乏有效监管，公益性服务存在空白

在部门化体制下，在很多农业公益性服务领域，如农田水利基础设施建设、气象服务、道路建设等，提供服务变为部门的经营谋利行为，服务质量不高或者缺失。在经营性服务领域，如生产要素购买、生产作业、农产品销售等，由于存在部门垄断或不正当竞争，服务收益侵占了农户合理生产收益，或定价超出农户承受能力，使得部分农户无力购买，也有部分地区由于农户长远的购买能力被削弱，影响了经营性服务市场容量的拓展，甚至危及经营性服务主体的生存。

第 四 章

部门营利的形成机制：
农机局案例

政府涉农部门是农业社会化服务体系的重要组成部分，因而也是农业经营体系的重要元素，它也是农村改革的重要推进者，如果其为部门利益所主导，构建新型农业经营体系和深化农村改革无疑也会走向歧路。因此，深入理解涉农部门的行为对于理解农业经营体系现状和农村改革的制度环境具有重要意义，也是构成本书讨论构建新型农业经营体系改革方略的必要前提。

本章选取 S 市农机局①作为案例，分析涉农部门作为农业经营体系中的一个重要主体，其利益结构和行为的变化，重点分析在农村改革过程与部门利益之间的复

---

① 本章使用的相关资料来自对该市农机局、卫生局及下属单位的访谈以及两个局档案室的档案。基于调查对象的要求，文章调查地点采用字母表示。笔者的合作者李杰协助完成了调查，并提供了本章部分初稿。

杂交织。农机局是涉农部门的典型代表，既通过行政职能执行国家农业政策，也从事经营性业务。县级部门，由于处于整个部门官僚机构的最底层，同时也是政策的最终执行者与一定程度上的决策者，对于中央政策有着更强的离心力，其行为对农业政策执行效果有直接影响。

◇◇ 第一节　理解涉农部门行为的理论框架

一　对部门利益的现有研究

部门利益指政府所属的部门行为偏离政府行为从公共利益出发的基准点，而为了本部门的利益进行行政行为，损害公众和全社会利益。[①] 学者多数认为，部门利益是政府部门偏离了公共利益对政府的要求的现象（江涌，2006；吴玉岭，2006）。公共选择理论对政府利益偏离公共利益形成的原因曾进行过理论上的一般分析。如 Stigler（1971）认为，政府行为的目的并不是公

---

① 参见江涌《警惕部门利益膨胀》，《瞭望新闻周刊》2007 年第 40 期。对江涌文章的广泛讨论和之前同主题的报道和评论的大量出现，说明对此问题，政府、学界和民间有着广泛共识。

共利益最大化，而是政治支持最大化。由于政治家也是自我利益最大化者，要求选票和资源的最大化，而政府的强制力，又能改变资源在产业间的配置，这两方面使得产业的势力能够进入政治领域，影响政治家的决策，从而导致政府行为变得为该产业的利益服务。

考虑到政府自身所处环境的复杂性，西方公共选择学派将政府当作一个整体进行研究，指出政府行为的非公共利益最大化问题，这为理解部门的具体行为提供了一个思考方向，中国学者运用公共选择的基本分析方法对中国政府部门的非公共利益最大化进行了大量的分析。周黎安（2004）从晋升博弈的角度出发，说明了在体制约束下，政府官员不仅是经济参与人，同时也是政治参与人，地方政府部门会因为政府官员的这两种动机同时作用，为追求政治利益与经济利益的综合最大化而行动。孙力（2006）通过对中国财政体制的研究发现，长期实行的分部门财政体制、改革阶段的部门权力分化以及在现有条件下的政府部门博弈三者共同作用，导致了中国政府部门利益分化的出现。

细究部门利益发展的历史可以发现，部门利益和改革年代有着伴生关系。改革目标一直是使市场在资源配置中起基础性或决定性作用。改革就是要针对政府部门大量控制资源的计划经济及其残留形式进行改革。可现实悖论是，正是以市场配置资源为目标的改革，使得政府部门从本应维护公共利益的组织转变成从自身利益出发的组织。沈惠平（2002）的研究发现，中国具体的政府部门起源于计划经济体制下的单位，过去长期的计划经济体制造成条块分割状况，使得政府部门在政策的制定和执行中，体现以本部门的利益而不是以整体政府利益为准则。而各部门的人员，其生活、福利等基础利益直接与本单位的绩效挂钩而不是在整个政府内保持一致，这也就使得政府的组成人员之间自发地使本部门利益与整个政府利益发生分化，这是部门利益出现的一个原因。孙立平（2005）在中国的改革过程中，中央政府不断将各种权力分予各相关部门独立行使，这就在原有基础上加强了部门利益的出现与分化。

研究中还有很多学者涉及了涉农部门的非公共利益化问题。宋洪远（1998）分析了涉农的粮食、供销、金融等部门的行为，对涉农部门的组织结构和行为特征进行研究，发现涉农部门的体制结构是涉农部门行为的基本特征的主要决定因素。他指出，涉农部门行为是部门为了实现自身的经济利益而对外部信息与政策做出的反应，它有三大决定要素：利益动机、执行能力和信息因素。孙玉娟（2007）的研究也发现，基层政府的涉农部门往往由于其自身利益最大化的动机而损害农民这一弱势群体利益。笔者（2007）在对农村的社会化服务体系进行分析后指出，目前的农村社会化服务体系中，"部门化"已经成为阻碍这种惠农政策发挥作用的主要因素。部门化、层级化的服务主体间的不规范竞争，多主体提供服务的状况下服务不能有效衔接，加之在泛市场化的改革趋势下部门的逐利行为，使得农村社会化服务体系效率低下、公益作用难以发挥。

总体来说，现有研究中将改革与部门利益结合起来的研究，已经考虑到了部门利益与改革之间存在的矛盾，但仍然没有考虑到它们的共生关系，或者仅仅注意到了改革与部门利益的相互影响，还没有来得及深究这种影响在何种机制下形成。

二　对改革前后政府行为模式的设定

本章将以部门的基本运行方式为基本切入点，将改革对部门运行方式产生的影响进行逐一说明，并寻找这些运行方式改变之间的相互关系，借以揭示改革条件下部门利益的形成和扩展机制。首先提出改革前后中国政府行为模式的设定，将其作为案例验证的基础。

玛丽亚·乔纳蒂（2008）对苏联、匈牙利、罗马尼亚和中国四个（曾经的）社会主义国家的改革进行过比较研究，为改革和部门利益之间的关系提供了一种考察角度。她指出，社会主义国家的改革目的是满足国家结构自我再生产的需要，中国采取的方式是资源创造型改革，主要方式就是分权化与自由化。资源创造式改革在使政府部门的积极性提高的同时，必然会带来部门的利益倾向。改革会使较低层次的政府再生产约束硬化，使它向政府体制外获取收入的动机增强，导致政府必须增加从政府外攫取资源的能力。

如图4—1所示，我们以部门构成为基本内容，揭示政府的基本结构和部门运行模式。政府有着诸多的专业性部门，它们是具体的政府组成部分，行使相应职能。这些政府加上一些部门间的协调机构，就构成了政府的主体。对于部门行为而言，在改革前，部门执行政府政策的内容与方式受到政府内部的两方面力量——同级政府与上级部门的影响，同时，得到其工作对象——地方经济和社会的反馈。我们可以用箭头连接各个部分，表示各自之间的关系，箭头指向表示这种关系的方向，由此得到中国政府行为的基本模式图。

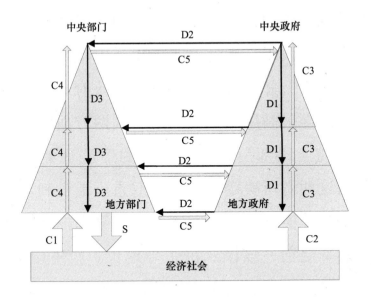

图4—1　中国政府行为基本模式

D1：各层级政府之间的控制

D2：政府对部门的控制

D3：各层级部门之间的控制

S：最基层部门对政府政策的具体实施

C1：社会向部门对政策实施的反馈

C2：社会向政府对政策实施的反馈

C3：各层级政府之间对政策实施的反馈

C4：各层级部门之间对政策实施的反馈

C5：部门对政府关于政策实施的反馈

　　在图4—1中，中央政府的政策实施，实际上是从双重途径来进行的：中央政府各部门直接指令下层政府部门，本级政府对本级政府部门同时进行控制。最终这两种渠道殊途同归，由最基层的部门完成政策的具体实施。而实施的效果，则通过正式渠道由经济社会反馈给部门或者政府，并经过逐层的部门或政府以及两者之间的反馈，直至最高层。部门同时受到两方面的控制，即同级政府与上级部门，它所拥有的经济资源和政治资源，都由这两者所决定。而且，双重反馈机制对于部门对政策的具体实施情况，有着较为流畅的控制渠道。

在改革之前，该模式占主导地位。新中国成立后，出于对经济社会控制的需要，中国的政党—国家体制发展严密，党的组织深入社会的各个角落，以党的组织为骨架建立起来的政府也建立了集中统一的管理体制。这样带来的好处是形成对于整个政府执行网络的严密控制，但是也会带来部门运行积极性不高、政府运转僵化等问题。在经过新中国成立后一段时间的发展后，政府及其所属部门构成的政府组织显得尤为庞大，资源消耗巨大，而由于政府行为僵化导致整个社会的资源供给能力不足，改革也就应运而生。在改革的初始阶段，放权也就成为一个主要方式。另外，调动积极性也就意味着让政府的组成机构从经济社会中获取利益。改革后的政府部门的行为模式图变更为图4—2所示的形式。

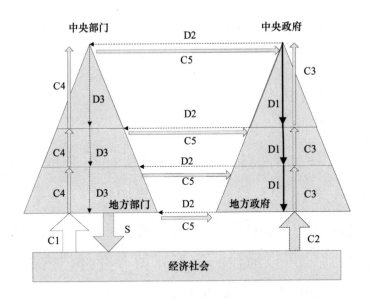

图4—2　分权改革后政府行为基本模式

在改革的最初阶段，改革在政府运行网络内的实施实际上是通过对内部反馈结构的改革来实现政策的实施，即通过对除了 C1 以外的其他联系进行改变，来实现 C1 的合理化执行。它包括如下几个方面。

（1）部门层级间的控制（D3）减弱，允许下级部门根据当地实际来行为。但是，这仅仅表示直接控制能力的减弱，上级部门仍然可以提供给下级部门一定的资源以要求下级部门完成相应的工作。

（2）政府与部门间的控制（D2）减弱，允许政府的各组成部门拥有一定的自主性。这一点在涉农的相关部门中表现得尤为明显，由于政府从农业所能获得的资源减少，政府的更大精力投入其他方面。由于重视程度的降低，控制也相应地减少。

（3）除了原有的控制渠道（D2、D3）可以实现部门的资源获取外，部门可以直接从社会获取相应的资源，即 C1 表示的社会向部门反馈加强。这一点表现为部门所获取的总资源中有大量资源来自社会，由此其所获得的收益，可以通过一定形式留存在部门内部。

（4）从政府运行成本的角度出发，政府从社会的一些部分撤退，社会向政府的反馈渠道 C2 减弱。最为明显的就是农村领域，随着人民公社的解体以及后来农业税的取消，政府并不能像刚建立时那样广泛地深入基层，因此基层的声音也缺乏充分的渠道反应到政府方面。

除了对政府运行机制的变更，改革的更重要内容是政府所希望推行的具体的对于经济社会的政策实施，也就是图4—2中的 S。当改革进行到一定程度，政府机构在整个经济社会中的地位不再是直接干预，需要政府转变职能时，就需要直接改变 S。一方面，由于 C2 渠道的弱化，政府对 C1 的具体情况缺乏了解，只能依靠部门自身的反馈 C4 来了解 S 的情况，另一方面，C1 渠道中利益的存在使得部门并不乐意去接受对 S 的改变，此外，D2、D3 双渠道的减弱以及互相牵制都使得加强控制成了较难进行的事情。而且，C4 和 C5 两个反馈渠道中拥有的利益让部门可以在同部门、同地域两个层面找到利益共同者。

以上这些方面改变导致的实际结果是，政府对部门的监控弱化，同时部门从社会获取资源的动机强化。于是，部门利益就成了改革的必然产物。

◇◇ 第二节　放权改革中涉农部门的部门利益形成

一　农机局职能和行为模式

改革之初的农机局是一个兼有行政管理职能与经营性职能的政府部门。除了具有对于农业机械化的基本管理，如农业机械市场管理、农业机械作业管理等行政管理职能外，还负责农业机械的设计、制造、销售、使用，以及农业机械修理、农业机械操作员培训[①]。与农业机械化有关的行政职能与经营性职能都被集成进来。

———————

① 资料来源于 2008 年 1 月 26 日，与农机局老员工马某的访谈，以及 1965—1980 年农机局相关工作总结与文件。

这个阶段，农机局的经营性职能实际上是最为强大的。但是，由于农机局的部门运行机制完全遵从基本模式，因此行为空间与获利空间都十分狭小，部门利益很难形成。当时的政府控制较严。在人事制度上，从领导到一般员工，都属于政府编制，政绩考核也很严格。上级控制还表现在财务制度上。农机局的收入完全来源于政府，社会对农机局的反馈 C1 中并不包含经济反馈的内容。虽然农机局拥有可以获得经济收益的经营性职能，但是由于收益上缴，部门内部利益分配与经营性职能是脱离的。此外，在当时的政治环境下，经营性职能服务于政策的运行，经营性职能也不能直接转化为部门利益。从支出方面来看，农机局的效益、收入并不是直接地与职能执行情况相关，而是由政府通过财政部门来进行相关的分配。农机局当时面对的是各类经济组织，如生产队、拖拉机站等，这些经济组织有着良好的直接向政府反馈的渠道 C2。一旦农机局有着偏离政府意愿的举动，这些组织就会将其通过 C2 反馈给政府，然后通过相关的控制连线 D2、D3 作用于农机局。

改革前，农机局的部门日益膨胀，原有的监督机制效率降低，无法有效提高部门工作人员的积极性。20世纪 80 年代启动的农机系统的改革，实际上采取了两方面措施：一方面是提高部门运行的自主性，国家不再以直接的财政供养方式来支持农业机械部门，要求其自己养活自己；另一方面，允许农机系统自收自支，经营业绩可以直接回馈于本部门。

改革后的农机局的行为方式可以简化为图4—3。

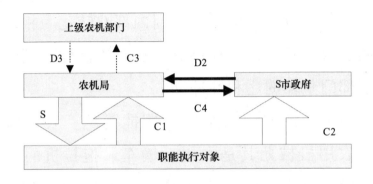

图4—3 改革后的农机局行为模式

二 行政职能被削弱，但依托行政职能的获利能力增强

从政治意义上来说，只有拥有相应行政职能的部门才与政府形成委托代理关系，从而拥有政治合法性，对于部门内的组成人员尤其是部门领导而言，拥有行政职能是其完成政绩的基本条件。从经济意义上来说，部门拥有职能才能在财政"蛋糕"的划分中获得话语权。部门职能越大，往往越容易获取政府财政支持，大量的

行政职能的执行也可以获取收益。除此之外，一定的行政职能是维持行政机构的必备条件。因此扩张机构、争取更多预算筹码成为政府部门常见的获取部门利益的手段。并且，更大规模的机构，也将使得该部门的领导更容易获取更多的政治、经济收益。而财务上管制放松则标志着农机局自我部门利益的正式完成。经营性业务活动的收益开始更多地留存在部门内部并转化为相应的职工福利、收入等，这在提供员工工作积极性的同时，也增强了部门整体的逐利性冲动。

以农机局的农机安全监理职能为例，农机监理是指对于农用机械尤其是农用运输车、拖拉机的安全生产进行监督管理，主要工作是牌照的发放、驾驶员资格的认可等。在部门财务制度改革之前，虽然这些行政管理职能的执行也能获取相应的收入，但是收入会纳入财政计划，改革之前，虽然没有单独的农机安全监理机构，但是相关的安全监督管理工作一直维持较好。1984 年，S 市农机局成立了 S 市农机监理站，专门负责农机监理工作。由于农机监理的执法权所能获得的发放拖拉机、农用运输车牌照等的执法收入，在改革后的财政体制下，预算外收入成了该站所能控制使用的收入，这也就使得监理站有强烈的逐利冲动，试图通过行政执法来获取本部门利益。为了更多地攫取收益，监理站不断膨胀，监理站下又成立多个分站①，不断吸纳人员，而这些人员往往并不具备相应的执法素质，其主要工作就是收费。

与此形成鲜明对比的是农机推广工作。农机推广也是农机局需要执行的重要行政职能，但是该职能的执行并不能直接获取收益，相反由于推广农机的相关活动都会造成一定的支出，所以 S 市农机局对于这项职能的行使采消极态度。S 市农机局也一度成立过农机推广站，但由于该部分工作缺乏获利能力，农机推广的相关工作很少进行，最终农机推广站被撤销，只保留了一个牌子和一个农机推广站站长②的职位以安置相关人员。

可见，改革后的行政职能，已经成为获取经济收益、维护机构的经济合理性的一种手段。虽然改革削弱了农机局的行政职能范围与执行能力，但是其获利能力却得到了加强。

---

① 资料来源于 2008 年 1 月 25 日，对农机监理站站长王某的访谈。鼎盛时期的农机监理站拥有 4 个分站。后在 2000 年的机构改革中，分站全部被撤销。
② 资料来源于 2008 年 2 月 2 日，对农机局局长李某访谈。农机局内设农机推广股和农机推广站，两个机构一套人员，仅站长兼任股长一人。

三　经营性业务得到扩展，获利能力不断增强

虽然行政职能也能获取一定的经济收益，但是行政职能获取收益的能力往往受到政府的诸多限制，尤其是20世纪90年代以来，政府强调减轻农民负担，对各种行政收费项目进行了严格的限制[①]，这样就压缩了部门通过行政职能获取收益的空间，尤其是农业税改革之后，这些职能的获利能力更是被大大打压。另外，对行政职能的这些收入，虽然政府的管制并不严格，但是依然有着一整套的完整财务制度进行管理，即使是预算外资金，也会受到财政部门的监督，这样就使得农机局通过这些职能获利的机会有限。

而农机局的经营性职能则不然，它本身就是能够获取经济收益的项目，并且其获利能力并不被政府严格控制，主要受业务经营状况好坏影响，也就是只受市场环境以及自身经营能力的影响，限制更少而空间更大。在获利方面，经营性业务相对于行政职能而言具有得天独厚的优势。改革使政府对农机局的 D2、D3 控制连线减弱，而政策实施 S 又能直接从社会获取经济收益，并且

---

① 资料来源于 2008 年 1 月 25 日，对农机监理站站长王某的访谈以及 2005 年湖北省对驾驶员工本费等规定文件。

社会的监督能力 C2 被严重削弱，经营性职能因此成为农机局部门利益的重点。

在改革之前，农机局的经营性业务主要有农机生产、农机销售、拖拉机站以及农机驾驶员培训四块内容，其中拖拉机站和农机驾驶员培训都入不敷出。改革之后，由于拖拉机站难以赢利以及当时农村改革分田到户的需要，拖拉机站被解散。虽然职能被削减，但实际上并没有伤害农机局的利益，反而是去掉了一个传统上的包袱。另外一个亏损业务是农机驾驶员培训，这一业务则被农机局加以改造，以农机驾驶员培训为名进行汽车驾驶员培训，由于汽车驾驶员当时属于稀缺资源，培训收费很高，很快该业务便摇身一变，成为一个利润较大的经营性业务。农机生产和农机销售在改革之前就能赢利，在改革之后，因放开了手脚而积极性更高的农机局更是在这一块不遗余力，农机制造厂在农机局的扶持下很快发展壮大，目前仍然是 S 市的龙头企业之一①。农机公司虽然在 2002 年宣布破产，但在此之前，该公司一直是 S 市市民津津乐道的企业，目前 S 市最繁华的街道一侧，以往全是农机公

---

① 资料来源于 2008 年 2 月 8 日，对现农机制造厂董事长杨某的访谈。

司的地盘。在 2002 年破产时，正是变卖这些土地的收益，为农机局又提供了一桶金，这些收益成了 2002—2005 年农机局的主要开支来源。

农机局的经营性业务往往与行政职能有着千丝万缕的关系，或者是直接由行政职能发展而来。农机局目前唯一的经营性机构——农机化培训学校（以下简称农机化学校）的经营性职能就是如此。在 S 市，如果提起 S 市农机化学校，也许根本没有几个人知道，但如果提起 S 市驾校，则基本上无人不知。实际上，农机化学校是 S 市驾校的正式名称，但是人们所熟悉的只是它的汽车驾驶员培训业务。从 1986 年开始，S 市农机化学校在当地独家提供汽车驾驶员培训课程，所以人们就开始把它叫作"S 市驾校"。虽然目前 S 市已经有四所驾校，但"S 市驾校"这个称呼却属于农机化学校，甚至连农机局内部也是这么称呼它。农机化学校的成立本来是为了满足农机局对农业机械驾驶员管理的需要，成立它是为了培训并考核农业机械尤其是拖拉机驾驶员，这在当时本是一项行政管理职能。改革开放后，由于农业机械驾驶员培训量很少，而汽车的驾驶员培训量却很大，更为重要的是，汽车驾驶员培训收费收益更加可观，而且两者的培训成本与培训方式相差无几。因此，在农机局的支持下并经过相关审批，农机化培训学校开始进行汽车驾驶员培训。从此，汽车驾驶员培训成为农机化培训学校的经营性业务，并且很快成为农机化培训学校的主营项目。2006 年，对农用运输车监管的职能被从农机局剥离，但是这一年农机局职工的年终奖却从以往的3000 元上涨到 6000 元，其中最重要的原因就是农机化学校这一年的业务大幅度上升，全年实现经营收入约200 万元人民币①。

四　行政职能和经营职能相互支撑，进一步强化其获利能力

改革除了直接地促进了农机局行政职能与经营性业务的获利能力发展外，更重要的是，它使这两块职能之间形成了一种互补的支撑体系，以一个整体的方式来提高农机局的获利能力。虽然在改革之前，农机局的行政职能与经营性业务共生的现象就已经存在，但是在行政职能与经营性业务之间，并没有一种以整体形式获取利益的渠道。不过，在改革之前形成的这种共生关系，为改革后两者的相互支撑提供了良好的基础。在农机局的

---

① 资料来源于 2007 年农机局财务报表。

部门架构中，行政职能和经营性职能并没有本质的区别，两者的人员总是在互相流动，如现任农机化学校的校长就是原农机监理站的副站长。最为突出的一点就是，农机局的经营性业务与其行政职能有着很大的联系，掌握着行政资源的政府部门可以利用这种行政上的优势来降低成本、增加收益，或者通过其他手段来提高自身经营业务的竞争力。

在 2006 年农用运输车监管职能移交之前，农机监管工作可以监管农用运输车，农机部门可以发放农用运输车牌照，农用运输车原本是一个很含混的概念，农用三轮车、小型四轮货车等都可以挂农用运输车的牌照，而且在县域经济内，出于成本的考虑，农用运输车实际上是县域交通的主要运输力量。由于农机化学校和农机监管同属于农机局的下级单位，两个机构的领导、员工之间都有着较强的私人联系，因此农机化学校的学员尤其是意欲取得农用运输车驾驶证的学员可以很方便地办理相关手续，这在很大程度上提高了农机化学校在当地驾驶员培训市场的竞争力。由于农机局是"阳光工程"的实施单位之一，"阳光工程"对农民进行汽车驾驶员技能培训提供的补助发放由农机局负责，农机局就把这部分补贴的发放对象确认为农机化学校，即认定农机化学校所进行的驾驶员培训符合"阳光工程"的要求，而不提供给其他驾校。正是通过这部分补贴，农机化学校可以把学员的培训收费降低到成本线甚至略低于成本线，这使得其他驾校也被迫降价至成本线以下。2007 年年终，一所民办驾校由于发不起老师工资，被迫停止营业。而农机化学校却通过补贴，赢利约 7 万元。

正是通过这种行政职能支撑经营性业务的方式，农机局的经营性业务才得以发展，而当经营性业务与行政职能差距较大，行政职能不能对经营性业务提供有效支持时，如农机局所创办的旅行社业务就难以为继，只能转让关闭。在行政职能支撑经营性业务的同时，经营性业务往往也能为行政职能提供一定的帮助。在农机公司尚未破产、农用运输车尚由农机部门管理时，来农机公司购买农机的客户，往往会直接去监理站办理相关的安全监理手续，这也就降低了农机监理这一行政职能的执行成本，促进了行政职能的执行工作。但是，这往往会造成行政职能的扭曲，即行政职能更多地为经营性业务服务而不能保持执行的公正性。两种业务之间的相互支撑，其核心在于维护农机局自身的部门利益。

◇◇ 第三节　涉农部门利益的强化机制

一　政府控制和社会反馈的削弱与部门利益强化

1. 政府控制与社会反馈的削弱

从部门的运行机制（见图4—1）可以看到，部门所受的控制主要是政府对部门的控制连线 D2 与上级部门对下级的控制连线 D3，由于政府完全控制着部门的经济资源、政治资源以及人事安排，D2 和 D3 的控制能力相对较强。而对于部门行为的具体监督，一方面是通过部门自身的反馈 C3 和 C4，另一方面，则是依靠政策的具体对象——社会的直接反馈 C2 来进行。双重的反馈渠道，使得政府能够获取较为充分的信息。同时政府又有着较强的控制能力，这使得政府能够实施对部门的全面控制，阻止部门利益的发展。

在农机局所受的控制连线中，在改革中被大幅度削弱的就是 D3 控制连线，即上级部门对下级部门的控制。上级部门对农机局失去了大部分控制能力，无法直接干涉农机局的行为，但是仍然可以向农机局提供政治、经济资源以间接干预农机局的行为①。而政府对农机局的控制连线 D2 也在一定程度上被削弱了。一方面是仅仅要求农机局去更多地完成经济任务；另一方面由于农业的生产值在国民经济内的比重不断降低，并且农业的发展空间受到客观环境的约束太大，政府对它的重视程度不断降低，对它的监督管理也不断放松。农机局还曾一度被改编成为农机管理公司，政府不再直接插手农机局的具体运作，并且在 20 世纪 90 年代中后期，农机局与其下属单位的党组织建设淡化，政府对它的监控能力进一步减弱，对于农机局的监管逐渐变为根据农机局自身的工作汇报情况进行监管。而且，农机局的经营性业务部门更加地去政府色彩化，更多地以市场的方式进行运作，加之涉农部门财务管理制度的变革，政府的触手逐步从农机局所管理的整个农业机械化部门中退缩。

除了控制连线 D2 的削弱，监督的削弱同样造成了农机局所受控制的削弱。社会对政府的直接反馈 C2，由于其成本较高，需要由一定的组织来进行才能保障该

---

① 农机局需要执行一部分上级部门所提供的职能安排，如农机重点型号推广，从而换取相应资源。

反馈渠道的通畅。改革之前，公社、生产队等①组织有着较强的动机与能力去直接与政府沟通，进而反馈相关信息。而政府从农村社会撤退后，农业的主要生产单位变为单个小农户，这样就使得直接反馈 C2 的成本增加，单个农户也难以承受，C2 的反馈渠道被大幅度削弱。政府更多依赖农机局自身提供的反馈来实施对农机局的控制，这种控制也就变得无力。而且，当时的公社拖拉机站也被撤销，基层的农业机械作业业务被分散，分散后的这些对象与农机局之间存在巨大的信息不对称，反馈效率降低。在上级政府的监督和下层农户的监督都无法有效实施的情况下，农机局加强部门利益的空间就扩大了。

以农机安全监理为例，在改革之前，农机的相关驾驶员都属于各农村集体经济组织，一般以农机队形式存在，农机监理所进行的农机牌照发放、农机驾驶员培训和农机安全监督管理都是直接面对各农机队，农机队可以进行一定的监督，对不合理的监管工作有着相应的反馈渠道。而改革之后，农机都归农户所有，农机监理的工作变成了农机监理站面对单个小农户，农户对于农机

---

① 资料来源于农机局 1965 年工作总结中关于生产队对机械耕作不满意的说明。

监理的相关执法很难找到相应的监督反馈途径，这也使得农机监理站能够不断地增加相关收费项目，或者以安全监督之名来向农户索取费用，甚至是以简单的收费代替监督管理。在一段时间，监理站的主要工作就是设卡收取农用运输车的管理费，而非真正意义上进行相关的安全监理。

2. 同上级和地方政府的同盟关系

作为政府的一个分支机构，农机局既属于 S 市政府的一部分又是相对脱离的一部分，其与政府的关系是一种委托—代理关系，同时又是一种官僚的上下级关系。涉农职能部门的设置体制，依然遵循计划经济体制，这就是所谓"条块分割"体制。从"条"的角度而言，从中央一直到最基层的农业机械技术员，它们之间虽然不存在直接的领导与被领导关系，但却是一种紧密的利益共同体，以一个整体的模式去获取政府对农业机械化相关事宜的支持与授权，进而获取其存在的政治合法性。从这个角度来看，"条"内的这些机构之间，不仅仅是简单的委托—代理关系，而且是一种较为复杂的互相支撑的利益共生关系，即只有下级部门在农机机械化方面完成一定的任务，获取相应的绩效，通过反馈连线 C3 传递给上级部门，上级部门才能有相关的政绩从而完成政府的委托，并为获取更多的政府委托打下基础。上级部门对下级部门的控制连线 D3 虽然减弱了，但是依然可以通过 D3 来为下级部门提供相应的政治与经济资源。而只有上级部门不断地获取政府委托，实现整体的政治合法性与经济合理性，下级部门才能以此为依托，从地方政府处获取自身存在合法性与经济性的相关资源安排，或者直接从上级部门获取相应的资源，完成自己的机构运作，实现自身的利益。

湖北省有关农机的地方性法规包括《湖北省农业机械管理条例》《湖北省农业机械安全监督管理办法》《湖北省农业机械化促进条例》等，此外还包括其他一些涉及农机部门的法律法规。虽然湖北省已经于 2001 年撤销了省农业机械局，只在农业厅保留了农业机械化办公室这样一个单位，但是在绝大多数的县市，农机局仍然存在，甚至在一些县市，拖拉机站等都得以保留。正是由于有着如此多的基层部门作为支撑，并且从省级至县级的与农业机械化相关的部门管理体制依然延续，各县市的农机局与农机化办公室的联系才十分紧密。如 S 市农机局局长基本每个月都要去一次武汉，拜访省农机化办公室的相关领导。并且，S 市农机局还争取到了某年省农机推广会在 S 市召开，通过会议召集各地的农机相关部门共同为农业机械化争取更多的资源。在这种情况下，省农机化办公室联合各级农机化管理部门，在中央重视农业的大环境下，促使湖北省政府于 2007 年出台了《湖北省农业机械化促进条例》，这个条例的颁布，不仅使得农机化管理部门的合法性地位得以进一步明确，更为重要的是，它以地方性法规的性质，直接将几大行政职能纳入农业机械化的管理范围，如实施"以机代牛"这一卫生防疫（其行政主体本应是各级卫生局）的行政职能，该条例明确规定："县级以上人民政府及其农业（农业机械）主管部门应当根据血吸虫疫区实际和以机代牛的需要，扶持、帮助血吸虫疫区提高农业机械化水平"。实际上，"以机代牛"这一项目的最早提出，就是 S 市农机局联合卫生局以及其他部门共同向省政府申报的"血吸虫病防治综合计划"。而该计划最终又在农机局的推动下，由全省的农机部门共同提出并纳入全省的农机系统中。而这些行政职能的获取，最终通过职能行使，将其转换为经济收益与政治收益，成了农机局的部门利益。而省的农机化办公室，同样也因为以机代牛的相关职能被转移到农机体制内，使得自身的地位得以提高，并且获得更多的发言权。

因此，整个"条"内有着较为一致的利益取向，形成了一个结构松散但利益紧密的组织构架，通过这种上下级的条内聚合，上下级部门间形成了利益同盟，共同寻求自己的资源。而从"块"的角度出发，一方面，农机局所处的地方政府是其直接的领导者，拥有着直接的控制连线 D2，也是大多数委托的委托人。它是农机局实现政治利益和经济收益所需要的政治、经济资源的直接掌管者，同时对于农机局的主要领导拥有直接的控制权。另一方面，农机局所行使职能的范围为 S 市，它本身就是市政府的一个组成部分，这也使得它的政治、经济利益直接与该市的利益尤其是市政府的利益相联系。因此，对于块内的政府和农机局而言，它们之间的利益联系更加紧密。政府部门内部是一个缺乏竞争的关系，虽然在某些职能相互交叉的领域可以形成部门之间的竞争，但是在大多数领域尤其是专业经济管理领域，作为委托人的政府无法选择自己的代理人，在部门运行机制中，政府很难选择另外一个执行者来完成相应的任务，只能通过固有的政府部门来完成政府所需要进行的工作。因此，只要农机局能够完成政府对农机局的基本要求，政府对于农机局追求自身利益的行为往往会采取默许态度。

而且，某些农机局争取部门利益的行为，往往是从地方政府外部去获取资源，这些资源虽然很大一部分被农机局所获取，但仍然有较多的资源变成了当地的资源，在这种情况下，农机局与政府的利益存在一致性，地方政府也会支持农机局去获取相关的资源。仍以"以机代牛"为例，2007 年，S 市农机局联合卫生局获取了"以机代牛"工作的执行权。"以机代牛"的工作任务是以补贴的方式宰杀患病耕牛，同时推广农业机械。"以机代牛"项目在 S 市的总补贴约为 320 万元。对于 S 市而言，获取该部分资金，有利于提升 S 市地方利益。而由于获取了该项目补贴发放的执行权，农机局获取了相应的行政职能，并且获得了一定的职能执行收入（包括由财政解决的职能执行费用以及相关的职能收费）。而两部门联合申请的背后，除了两个部门的主要领导之间的私人关系外[①]，尤为重要的是地方政府在后面的支持。这种支持，表现为政府主导下的相关利益分配，让各方都能从中获益，然后以一个整体的形式向上级部门争取资源。如果没有这种协调分配，这种跨部门的合作很难建立起来。

---

① S 市卫生局局长和农机局局长是大学校友，该市市委书记等多位市主要领导干部都毕业于同一学校。

二 部门利益在应对改革中进一步实现

改革并不是一味在为部门利益形成创造条件，改革也一直在试图削弱某些部门利益得以产生的基础，甚至直接向部门利益开刀。农机局也几度成为改革的对象，这些改革都触及农机局的部门利益。改革造成了农机局职能范围的扩大或者减小，改变了农机局的外部工作环境，尤其是财政体制改革、部门职能改革以及部门结构改革都极大地触动了农机局的部门利益。

为了保证本部门利益的最大化，农机局在改革政策的推行过程中，一方面，全力执行那些对本部门利益有着促进作用的改革政策，保证自己利益的不断增加；另一方面，对于那些会损害自身利益的改革，农机局并不是被动执行，任由其损害自身的利益，而是采取一定行动来化解。同时，农机局也是政策决策体制的重要一环，除了通过执行权来获取部门利益外，还可以参与政策的制定，从制度上来确保获取本部门的利益。

1. 采用对改革的应对策略以实现部门利益

农机局对于危害自己利益的改革的应对策略主要有两个方面。一方面，对部门利益影响较大的改革进行化解，或者将部门利益通过另外一种方式来加以实现。尤其是对于那些针对直接部门利益的改革，农机局虽然无法直接对抗，但是它却有相应的应对措施，通过其他方式来加以化解。另一方面，农机局作为县级政府的一个组成部分，它自身也会参与到改革政策的制定中，通过这种参与，农机局可以要求改革政策偏向于农机局。被动地化解和主动参与政策制定之间并不存在天然的鸿沟。被动地化解往往就是在政府允许的范围内，以自己的方式解读、执行政策；而主动参与则是影响政策的制定，变更政策的具体要求。无论是被动地化解还是主动地参与，其核心都在于实现农机局的部门利益。

2. 直接通过参与改革政策执行获取部门利益

作为政策的实施者，农机局拥有着对政策的最终实施权。在农机局的部门运行中，农机局通过 S 的执行，可以直接从执行对象中获取反馈 C1。在改革后的环境下，C1 的反馈包括了经济反馈，这成了农机局的一个主要的获利手段。

农机局能够直接通过执行权来获取收益，主要得益于改革给部门运行模式造成两方面影响。一方面，由于政府放松对部门的管制 D2，扩大了部门的自主性，同时用收益权激发了部门行为的积极性；另一方面，由于社会对政府直接反馈 C2 的减弱，使政策执行的效果主要通过部门来向上反馈，部门执行政策的空间更大，更容易规避对自利性行为的监督。

2002 年由政府核定的农机局主要职能包括农业机械推广、农机安全监理、驾驶员检审、企业网点管理与证件发放、驾驶员培训等①。其中，农机安全监理、驾驶员检审、驾驶员培训三项职能都是可以直接获取经济收入的职能。前面两项是行政执法收入，后一项是经营性业务收入。这些收入除了部分需要上缴外，很大一部分可以以预算外收入的形式，留存在部门内部。2006 年，仅农机安全监理一项，农机局就获取了相关的预算外收入 45 万余元②。

3. 拖延对己不利政策的执行

由于直接通过执行权从社会获取收入的方式过于明显，即使在政府放松监督的情况下，仍然很容易被察觉，也最容易被政策所改变。当面对这种改变部门执行权影响部门收益的政策时，执行者最常用的方法就是想方设法延缓、阻碍改革的最终实施，通过拖延的方式，在改革实行前尽量地扩大利益。

2006 年，从实施新的《中华人民共和国道路交通

---

① 资料来源于 2002 年农机局关于核定管理职能的说明。

② 资料来源于 2006 年农机局损益表。

安全法》，更好地维护道路交通、消除非专业管理所造成的交通隐患的角度出发，政府决定将对主要用于运营的农用运输车的管理职能移交交警部门，这样可以发挥交警部门在处理道路交通安全问题方面的专业性优势，同时还可以避免由于多头管理造成的对农用运输车的管理空白。但是，这一职能的移交严重地影响了农机监理部门的利益，农用运输车是目前 S 市农村运输的主要力量，也是 S 市农机局下属的农机监理站的主要执法对象，每年对农用运输车的安全监理、牌照发放、驾驶员管理等多种行政执法的收入约占整个监理站收入的70% 以上。为了自己部门利益的最大化，一方面，农机局一直对职能的移交采取一种并不积极主动配合的方式，尽量地拖延移交时间，并且联合上级部门要求政府特事特办，不要移交该部分职能。另一方面，农机监理站在农机局的默许下，采取突击执法的方式，如在职能移交前大量发放牌照等，在职能移交之前最大限度地增加这部分执法收入①。这种突击执法造成的后果就是在当年对于部分农用运输车，无论是交警还是农机部门都没有对它们进行有效的管理。改革所追求的加强专业管

---

① 资料来源于 2008 年 2 月 8 日对农机局局长李某关于农用运输车改革实施的访谈。

理、提高监管水平的目的很大程度上由于农机局的这种不配合行为而没有达到。这种拖延的策略能够成功实施，主要原因仍然是农机局所拥有的执行权。移交农用车管理权这种损害农机局部门利益的政策，其最终实施者仍然是农机局自身，农机局仍然有利用执行权行为的空间。

4. 通过对改革政策的反馈，从地方政府获取收益

对于农机局而言，它是地方政府的组成机构，在当地执行一定的社会经济职能，以满足当地的需要。换而言之，地方政府对部门进行控制 D2，要求部门进行相应的行为以满足自己的需要。在这个过程中，需要地方政府提供给部门一定的政治、经济资源。而这些政治、经济资源对于农机局来说，除了可以满足政策执行的需要外，同样可以以一定的方式转化为农机局自身的部门利益。

2001 年，农机局经历了一次重大改革，出于政府控制行政成本、转换政府职能的需要，农机局在各乡镇的延伸机构即乡镇农机站全部被撤销，每个乡镇只保留一名农机助理来完成农业机械化在乡镇的推广工作。这一变革，对于农机局来说无疑影响深刻，自己的分支机构、行政人员规模一下子大幅度削减，政治地位、经济

地位都有所降低，各方面利益受到很大损害。但是，这次改革，同样给了农机局一个获取经济利益的契机。由于行政人员被大幅度裁减，被裁减的行政人员需要由政府补发养老保险、工龄补助等一系列经费，而被裁减人员的数量却是由农机局报市政府确定，市政府缺乏对实际情况的监督。这种情况下，虽然各乡镇农机站由于历年的经营效益太差已经有不少人离职，但是这个情况只有农机局自己得知，政府缺乏这方面的信息。农机局采取虚报之前工作人员数量的方法，获取了相关补助近80万元，这80万元后来也就变为了农机局的自有资产，用于发放员工福利等①。

除了刚才案例里提到的政府提供给农机局经济资源，农机局还可以要求政府提供政治资源，如对部门政绩的表彰、领导的提升等，更多情况下是要求赋予相应的职权，职权最终可以转化为部门利益。

1984年发生的农机局与交通局的冲突②，就是一个典型的例子。维护农业机械尤其是农用运输车、拖拉机等大型机械在使用过程中的安全，对这些机械以及其操

---

① 资料来源于2008年2月8日对农机局局长李某关于农机局的分流改革的访谈。

② 资料来源于1984年农机局与交通局关于管辖权的来往文件。

作人员进行管理，是农业机械管理部门的重要职责，也是农机局下属的农机监理站的主要职能。但是农用运输车、拖拉机等又具有另外一重属性，即它们实际上具有车辆的性质，可以进行运输等营运工作，而对于营运车辆的管理工作，实际上又是由交通部门负责，这也是政府多头管理问题的一个典型体现。为了应对农用机械中可以从事营运作业的农机管理职能不清的现象，省政府出台了《关于农村拖拉机的管理和运营运输业有关问题的暂行规定》（〔1984年〕71号文件），该文件对于这部分农机的管理工作进行了界定：对农用拖拉机包括从事非营业性和临时营业性运输的拖拉机的管理，由农机部门负责；而常年专门从事营业性运输、不参与农业生产的拖拉机，则由交通部门进行管理；所有农用拖拉机的管理需要加盖交通部门公章。该文件的出台，本意是用来明确管理范围，确定各部门的管理职能。其最大的好处在于，一方面，它可以保证对于农村的农用运输车等相关农业机械的行政管理费用维持在一个较低的水平，确保农民的负担不会太高；另一方面，交通部门的专业管理可以更好地维护道路交通安全。这种改革实际上损害了一部分挂着农用车的名义，主要从事营业性运输的农用车用户的利益，同时由于它导致农机局管辖范围缩小，因而损害了农机局的利益。另外，由于范围划分缺乏明确的标准，交通部门也认为这种划分缩小了它们的职能范围，损害了它们的部门利益。

为了争夺这部分的管理权，交管站（S 市交通局的延伸机构）对这部分拖拉机的检审登记工作进行阻碍，而且对已经获得农机部门检审登记的拖拉机限制上路行驶，交通局提出"只要是跑运输收钱，就属我们管理"。交通局手握最终的上路盖章审批权，对于农机局所管理的农用机械不审批盖章，这些机械就无法上路行驶。而农机局为了应对这种问题，一方面要求自己的工作人员组织农用车到农机局进行检审，另一方面以文件的形式向当地政府提交报告，要求制止交通部门的这种行为。这个事件闹得很大，致使全市都知道了农机局和交通局发生了冲突，而农用车主/拖拉机主却犯了迷糊，不知道到底由谁进行管理。由于双方闹得不可开交，市政府多次召集两个部门共同协商解决的办法，最后双方达成了妥协，交通局不再限制农用车的上路检审，双方的管理权之争暂告一段落。

5. 与上级部门合谋，在改革中共同获取部门利益

虽然在改革后，农机局所处的农机部门内部层级之间的管理被极大地弱化，上级部门对下级部门的控制能

力减弱，但是由于体制的惯性，上级部门通过参与上级政府相关政策的制定，依然拥有很大的能量，对于相关专业管理内的政策实施，仍然具有一定的控制权。一方面，上级部门作为上级政府的一部分，除了拥有对于政府所确定的改革政策的执行权，它同样有着改革政策的讨论权与有关政策制定权；另一方面，对于政策的具体实施和相关的资源分配，上级部门仍然拥有相应的权力。在控制连线 D3 和反馈连线 C4 的运行中，农机局可以将自己的资源需求，包括经济需求、政治需求等，反馈给上级部门，然后由上级部门向政府提出要求。

2007 年，省里开始实施"以机代牛"工程，即用农业机械代替耕牛工程，该工程所要解决的核心问题并不是农业机械推广问题，而是防治血吸虫病问题。该省是血吸虫病的主疫区，新中国成立以后，政府重视血吸虫病的危害，通过群众运动已经消灭了血吸虫病。改革开放后，政府忽视了农村基础设施建设尤其是农村卫生体制建设，农村的卫生体系的维护工作无以为继，血吸虫病死灰复燃。由于"非典"的暴发以及对农村工作的重新重视，政府对血吸虫病这种地方性疾病又重新重视起来，重新投入大量人力、物力防治该病。血吸虫病的重要传染源就是染病的耕牛，要消除血吸虫病，对于耕牛传染源的控制就是其中重要一环。但是耕牛又是重要的农业生产物资，对耕牛进行控制后，为了不影响正常的农业生产，就需要有相应的农业机械作为补充。在这种复杂的项目背景下，"以机代牛"工程出台了。早在 2006 年，S 市的卫生局就和农机局发现"以机代牛"这个项目具有一定的可操作性，联合向省相关部门提出实施该项目[①]。2007 年，省决定实施"以机代牛"工程，但是，相关经费的具体分配、项目的实施程度都需要各地进行申请，并且应该是由卫生局、畜牧局、农机局等相关单位联合申请，这越发地使 S 市的卫生局和农机局觉得此事可行，最终双方联手，共同争取到了该项目的实施权。

"以机代牛"的工作任务是以补贴的方式宰杀患病耕牛，同时推广农业机械。由于获取了该项目补贴发放的执行权，农机局获取了相应的行政职能，并且获得了一定的职能执行收入（包括由财政解决的职能执行费用以及相关的职能收费）。而项目的最终目的在于血吸虫病防治，卫生局获取了项目主导权，并且也有相应的行政收入。

在"以机代牛"这个改革政策的制定与实施过程

---

　　① 资料来源于 2008 年 2 月 13 日，对农机局局长李某、卫生局局长刘某关于"以机代牛"项目的访谈。

中，农机局一直积极参与政策的制定，农机局局长基本每个月都要去一次武汉，拜访省农机化办公室以及省血吸虫病防治办公室的相关领导，商谈关于"以机代牛"的相关事宜。省政府于 2007 年出台了《农业机械化促进条例》，将该职能以地方行政性法规的形式，确立为农机局的职能范围。

这种上下级合作参与政策制定的行为，对于增加政策的合理性有着极大好处，可以防止政策与现实脱节。但是，由于部门利益的存在，会使得这种决策更多地受部门影响而不是受实际环境的影响。虽然在这个案例中，并没有直接地表现出由此导致的问题，但实际上问题很容易出现。如前面所提到的关于农机局与交通部门对于农用运输车的管理权限划分，当时的界定不清就是因为农机局、交通局同时参与政策制定，各自要求有利于自己的政策条款，最终得出了一个模棱两可的行政文件，并且在政策的执行中产生了诸多问题。

◇◇ 第四节　结论性评述

作为一个基层的政府涉农职能部门，农机局本应和政府利益保持一致，为公共利益服务，但是，旨在调动部门积极性和创造更多生产力扩张机会的改革却使得部门行为越来越偏离政府利益和政府应该代表的公众利益，而强化了的部门利益通过特有的机制延缓甚至阻碍了改革政策的实施。在部门行为"营利化"的同时，政府对部门的监督却往往仅根据部门自身的反馈来进行，社会对部门的监督渠道弱化，这也促使部门利益对部门行为的影响不断强化。部门利益成为部门行为的基本出发点使得部门利益成了任何政府政策推行中一个基本因素，改革政策推行自然也在其中。一些改革政策不针对部门利益本身，部门借此机会扩张、强化其部门利益；一些改革政策则直接针对部门利益，部门则通过参与政策制定、主导政策执行和政策解释、弥补利益受损等多种方式维护自己的部门利益，甚至直接使去除部门利益之弊的改革尝试失效。

　　针对部门利益的改革有许多种，目前，大部分关于部门利益现状的改革往往是针对部门分立的情况进行，试图通过将部门进行合并重组等方式，减少部门之间各自为政的状况。但是这种改革并没有对部门的运行体制做出根本性的改变。无论是上下级部门间的控制还是政府对部门的控制，依然十分薄弱。并且，在 C2 反馈渠道不通畅的情况下，即使拥有了控制能力，在缺乏对政策执行情况的了解的情况下进行对部门行为的约束也依然无效，尤其是对于农机局这种执行的职能是面向大量分散农户的部门，分散化的对象往往没有足够的动机来进行相关的政府渠道反馈。对于合并后的部门来说，C1 反馈渠道中的利益获取方式仍然存在，部门通过控制自身向上级或者政府反馈从而获取资源的方式依然可以继续进行，部门利益问题依然会继续存在，这种部门的机构调整只是将不同的部门利益进行重新组合而已。

2005 年，省政府启动了"以钱养事"的乡镇综合配套改革。S 市除了对乡镇政府职能进行调整外，对县级各职能局在乡镇的延伸单位也做了一定调整，取消了原有的农业技术推广站、农机助理、水产助理，将之合并到一个单位即乡镇农业技术服务中心①。这次改革的主要目的在于将传统的这些属于县级部门的延伸机构的工作体制进行转变。以往这些部门都是各个职能局的延伸机构，受乡镇与职能局双重领导。以农机助理为例，其工作任务与工作绩效由农机局进行分配和考核，地方

---

① 资料来源于 2008 年 2 月 2 日对农机局局长李某的访谈。

政府对他们也有一定的管理权，在防汛抗洪等工作中也可以向他们分配任务。由于农机局的工作人员对分配给他们的农机推广工作并不重视，而农机局的职能并未下放，他们只是进行辅助工作，而与农机相关的农技推广工作却又属于农机推广站职能，乡镇农机助理经常是人浮于事，政府的相关财政拨款目的仅仅是养活这批人。S市所实施的改革方案，针对这一问题将三种机构进行整合，由乡镇来分配工作，避免出现这种由于部门之间的利益纠葛而导致的行为不畅的现象。但是，"以钱养事"的改革实施以来，由于四种助理（农机、水产、农技、能源）虽然属于乡镇的同一单位，但是其工资发放的标准来源以及相关财政作用对象仍然是各职能局，部门之间的纠葛并没有解决，反而因为各个部门所发放的工资不一样，而各助理同属于一个机构，职位一致①却收益不均，引发了新的部门矛盾。并且，这次改革本意是在农村税费改革的基础上，减轻乡镇财政负担。但改革后，为了减少改革中的阻力，保障改革的顺畅进行，对公益性岗位按市场化的需要设立了相关财政补贴。农机局原本每年15个农机助理，相关财政收入

---

① S市改革后，各助理都是农业公益性服务岗位，都属于各乡镇的农业技术服务中心，虽然分为各个名称不同的岗位，但基本干同样的工作。

约18万元，目前已经增长为12个公益性岗位、40余万元财政补贴。并且，对于相关人员合同的签订、考核与评估权力仍然掌握在农机局手中，原有的机制问题并没有解决，反而进一步深化。这是因为农机局控制的利益变大，农机局对于相关人员工作的控制权进一步增加。

农机局部门利益不断强化，进而影响政策执行只是部门利益干扰政府职能运行的一个例子。它试图揭示的是涉农部门在改革时代的变迁机制和基于部门分析的改革复杂、艰难的内生秘密。农机局部门利益的形成，以及由部门利益导致部门的行为方式发生变更，从所谓的公共利益主导部门行为到由部门利益主导部门行为，有一个漫长的发展过程。部门利益在改革年代的凸显、固化具有一定的历史必然性，在改革的初期阶段具有历史合理性，部门利益曾经和政府利益一致，成为改革推进的动力；但是当部门内部反馈成为对部门监管的唯一依据、部门职能交叉等部门运行机制形成后，部门利益变成了部门运行机制挥之不去的毒瘤。这说明，部门利益问题具有改革年代的特殊性，一般的官僚制理论和公共选择理论并不能对中国特定时期的部门利益形成提供更好的解释。

　　本章对部门利益的分析也对下一步如何去除部门利益提供了有益的思路借鉴。从部门运行结构来看，要打破部门利益的藩篱，所需要的是部门运行体制的整体变革，使部门的行为受到制约。这需要通过 C2 社会对政府的直接反馈加强监督，减少部门直接从 C1 获取利益的能力，并且使政府对部门的控制 D2 加强，才能使得部门的自利空间减小，使得整个运行机制更为合理化，才能驱使部门行为与公众利益保持一致。仅仅针对部门利益表现的一个方面或者部门利益成因的一部分来进行的改革，尤其是地方政府的改革，总是无法真正地改变部门管理体制的现状，对于部门利益的监督与控制也无法有效实施，虽然部分改革可以生效，但往往只是将部门利益由一个部门转换到了另外一个部门，对于部门利益影响政府部门行为的问题，始终也难以寻求到好的解决方式。

　　对于消解涉农部门的部门利益，加强来自农户方面的反馈，是越来越需要重视的思路。农户经济的组织化不仅对于农户经济自身发展有利，而且是改变涉农部门行为、构建新型农业经营体系的必要环节。

第 五 章

部门营利、资本下乡与农民专业
合作社异化发展

在改革 30 多年中，农村合作经济组织从原来的地方实践发展到中央倡导，从自发发展到立法推动发展，从各种形式都有到以专业合作社为主，当前，发展农民专业合作社成为农户经济组织化的主要方式。在中央文件中，农民专业合作社已经成为新型农业经营主体之一，发展农民专业合作社也已经成为构建新型农业经营体系的重要力量。① 但是，必须看到，在 30 多年来农户

---

① 党的十七届三中全会决定在"稳定和完善农村基本经营制度"的有关论述中提出："统一经营要向发展农户联合与合作，形成多元化、多层次、多形式经营服务体系的方向转变，发展集体经济、增强集体组织服务功能，培育农民新型合作组织，发展各种农业社会化服务组织，鼓励龙头企业与农民建立紧密型利益联结机制，着力提高组织化程度。""按照服务农民、进退自由、权利平等、管理民主的要求，扶持农民专业合作社加快发展，使之成为引领农民参与国内外市场竞争的现代农业经营组织。"党的十八届三中全会文件在"加快构建新型农业经营体系"的有关论述中，提出："推进家庭经营、集体经营、合作经营、企业经营等共同发展的农业经业经营方式创新。"

分化不断发展和资本下乡、部门营利化的背景下，农民专业合作社的发展并不健康，其前景也并非一帆风顺。本章梳理作为农民合作经济组织尤其是目前被立法规范的专业合作社的发展逻辑，以便看清在部门营利成为常态、资本下乡不断深入之下其下一步发展的可能形态。这将构成后面有关章节对如何构建新型农业经营体系进行讨论的基础。

◇◇ **第一节　发展农民合作经济组织与部门营利和资本下乡的复杂关系**

一　部门营利和资本下乡需要发展农民合作经济组织

农民合作经济组织的发展一方面是分散的农户经济谋求组织化的需要，另一方面也是下了乡的营利性部门和资本的需要。部门营利和资本下乡，面临的一个突出困难是小农的分散。要想提高资本和营利性部门实现收益的效率，就必须降低同农民交易的交易成本，因此必须组织农民。组织农民的一个重要方式是组建农民合作经济组织。也就是说，农户经济组织化部分符合资本和资本化的部门的利益。

农民合作经济组织符合部门营利、资本下乡目标，表现在两个方面。第一，农民合作经济组织通过组织内部分工，提高成员的专业化水平，在一定程度上可以扩大对农用生产资料和涉农服务的市场需求。

第二，农民合作经济组织将部分市场环节转化为内部管理环节，通过承担管理成本的方式使市场上的外生交易成本内在化，如果产生的管理成本（也可称为"内生交易成本"）小于其减少的外生交易成本，其中的节约可为合作经济组织和与合作经济组织外部交易的部门、资本所分享，如合作社自我承担对使用农业机械、农业技术的培训，合作社负责收集初级农产品，等等。

二　发展农民合作经济组织也有和部门、资本利益不符的方面

第一，虽然通过农民合作经济组织集合起来的农产品供给数量和农用生产资料的需求扩大了，但是，其要求的售出价格更高，买进价格更低。这其中相比原来的价差，一方面将用来支付合作经济组织内部的管理成本，另一方面则表现为合作经济组织的利润。但是，出

售时更高的价格和买进时更低的价格就和凭借资本和行政垄断占据农村流通领域的资本和部门的利益相对。也就是说，这一方面节约了资本和部门面对农户的交易成本，另一方面也压缩了其从购销活动中获利的空间。

这种对立随着农民合作经济组织的购销范围扩大和越来越有能力接近最终产品供应商和最终消费者，而变得越来越尖锐，此时农民合作经济组织同资本和部门进行着同业竞争。在购销环节上，农民合作经济组织将成为资本和部门的竞争者。

第二，虽然合作经济组织节约的市场交易成本为合作经济组织和资本、部门分享，但是，如果合作经济组织分享的部分居多，也就是说，合作经济组织获利能力更强的话，合作经济组织就会成为竞争力更强的组织，从而危及资本和部门的生存空间。

对于部门领办合作社中的部门利益，学者已经多有省察。张晓山指出，对各级政府及有关部门来说，倡导与支持（干预）合作社的发展，甚至自己动手来办类似合作社这样的农村经济组织，并不单单是出于意识形态的考虑，亦有经济利益的驱动。① 这些部门之间各自

---

① 张晓山：《有关中国农民专业合作经济组织发展的几个问题》，《农村经济》2005 年第 1 期。

为政、组织松散、不联不合，更为重要的是，不少部门既有相互重复的功能，又有各自垄断的功能，因此就在自己的行政职能和势力范围内争夺资源。《中华人民共和国农民专业合作社法》颁布之前，合作社在不同的部门登记注册，也证明了这些部门在争夺这块新资源，随着中央文件肯定合作社作用，加强合作社的发展，各部门为追求各自的政绩，一政多门的问题更加突出。

上面的讨论中，部分学者将政府视为一个整体，笼统理解为发展合作社中的"政府主导"，这是有失偏颇的。在中国，国家农业部、中国科学技术协会、中华供销合作总社、中国人民银行及银监会等分别对不同类型的农村合作经济组织实施归口管理；至于地方和农村基层，除以上四大行业系统外，人事、劳动、工商、科委等部门也有介入。而我们一般人所理解的"官办"，或者"政府主导"，其实是上述的"部门主导"。

◇ 第二节　大户领办型合作社成为农民合作经济组织的主要形式

在《中华人民共和国农民专业合作社法》出台后

登记注册的合作社中，大户领办型仍占主体，大部分合作社发展也不规范。在有法可依的情况下，为什么大多数组建的合作社还是大户领办、合作性质少、运作不规范、发展不健康呢？这是合作社发展初期阶段的必然现象，会随着合作社的进一步发展而改善，还是有其内在的发展逻辑，使得当前部门和资本下乡背景下农民专业合作社的发展必然如此呢？

一些学者基于促进当前农业产业发展、发挥合作社效率的视角，用合作社的本质规定性及其漂移和合作社的环境适应性等来解释这类现象的合理性（李琳琳、任大鹏，2012），也有学者认为农民专业合作社将长期呈现异质性和多样性的特点，并指出在今后合作社的发展进程中，从事农产品生产或营销的专业农户能否成为专业合作社的利益主体应是农民专业合作社未来走向健康与否的试金石（张晓山，2009）。若换一个视角，通过对部门和资本下乡背景下的农民专业合作社兴办主体进行细致的力量对比和利益分析，我们可以揭示合作社发展的内在逻辑及延续性，也可以对这个问题做出新的解释。

在农民合作经济组织对于资本和部门的获利具有双重效应的基础上，资本和部门的选择就是扶持大农、忽视甚至压制小农。所以，在现实中出现的情况就是大户领办型合作社成为农民合作经济组织的主要形式。

前面已经讲过，农户分化本身是部门营利和资本下乡的一个重要条件，并因部门营利和资本下乡而强化。强化很多时候是通过部门和资本扶持大户领办型的合作经济组织的方式实现的。

为了降低同分散农户交易的成本，下了乡的营利性部门和资本必然要推动农户的联合。小农因为资源有限，经济收益少，虽然有合作需求，但是产生不了现实的合作收益，也承担不了合作过程的组织和管理成本。而大农资源多，经济收益多，相互之间有合作愿望，也能承担合作过程的组织和管理成本。但是大农的联合更容易采用合伙制企业的方式，这是因为合作过程的组织和管理成本往往要比合伙制企业的组织和管理成本高。

而如果通过联合小农组成合作社，既可以获得政府针对合作经济组织的财政扶持，也可以分享营利性部门和资本因合作社社员的购销量增加、购销环节减少而节约下来的市场交易成本，从而获益。大农也会主动选择联合小农组织合作社，而且往往把合伙制企业以合作社的名义注册。

政府对合作经济组织的财政扶持绝大多数通过部门

下达，部门为了确保其经营职能的扩展，倾向于选择和其控制的经营和服务领域构成上下游关系的产品和服务去组织合作社；下乡资本在实际的农业产业化过程中被赋予了"统"的层次功能，也乐于支付一定成本组织农民合作经济组织，一方面可以获得政府方面的财政补贴，另一方面也确实可以享受交易成本的节约。

于是，政府部门扶持合作经济组织发展的公益性目标、政府部门的营利性目标、资本营利性的目标同大农的选择形成利益共谋，于是扶持大农联合小农组建合作社。

大农联合小农组建的合作社，由于其最初目的一部分是套取国家财政扶持资金，因此，就不会真正完善合作社内部的民主管理和盈余分配制度，其节约交易成本的好处也只表现在低成本可以汇集社员的购销需求。

而对政府部门扶持合作社的公益目标来讲，虽然其乐于见到真正的合作社，但是由于扶持资金有限，而大农事实上已经成长起来，扶持大农建立假合作社比建立普惠制的扶持机制或建立一个更严密的遴选机制，行政成本要低很多。同时部门工作人员还可以和大农共谋获得回扣或远期收益，于是，财政扶持合作社的资金就倾向于扶持大农建立假合作社，并"知假扶假"。

而对政府部门营利性目标来讲，合作社的广泛发展和真合作社的发展对其长远赢利目标将构成挑战。因此，部门乐于帮助大农建立假合作社以套取财政扶持，并仅限于由大农来组织市场需求，不发展合作社的谈判能力，因为大农的假合作社符合政府部门的营利性目标。即使这样，如果大农的假合作社实力增加，构成其生产资料供应和农产品销售的平等竞争者，部门也是不愿意的，因此，部门扶持下的试点或示范合作社要么和部门经营范围完全无关，要么就是和部门经营构成上下游关系。

对于营利性的资本来讲，合作社的广泛发展和其中真合作社的壮大也将对其长远赢利目标构成挑战。因此，资本除了乐于帮助大农建立假合作社套取财政扶持外，也仅限于由大农组织市场需求，并不支持发展合作社的经营实力和谈判能力，并且仅仅同合作社发展合同购销关系，并不会发展同农户一体化的合作经济组织，或者投入很多资本、人力和技术来发展规范的合作经济组织，或者去发展合作经济组织的综合服务功能。

◇◇ 第三节　"大农吃小农"逻辑的形成和延续

一　"大农吃小农"逻辑的形成

农民专业合作社的发展，一方面是分散的小农谋求组织化以对接市场的需要，另一方面也是下乡后的部门和资本的需要。大农资源多，经济收益多，他们有合作愿望且能承担合作过程的组织和管理成本。但是因为这些成本往往要比合作制企业的组织和管理成本高，所以大农的联合更容易采用合作制企业的方式。而如果通过联合小农组成合作社，可以获得政府针对合作社的财政扶持和相关政策优惠，同时还可以分享营利性部门和资本因合作社社员的购销量增加、购销环节减少而节约下来的市场交易成本从而获益，大农则会主动选择联合小农组建合作社。

政府对农民专业合作社的财政扶持和相关支持政策多数通过部门下达，部门为了确保其经营职能的扩展，多数会选择与其经营和服务领域构成上下游关系的产品和服务去组织合作社。资本下乡在实际的农业产业化过程中被赋予了"统"的层次功能，也乐于支付一定成本组织农民专业合作社，一方面可以获得政府给予的好处，另一方面确实可以节约交易成本。综上，部门、资本、大农、小农便可从各自利益出发，组建农民专业合作社，形成利益共同体；此外，《合作社法》对农民专业合作社兴办的低要求、低成本也推动了大户领办型合作社数量的激增。

在上述合作社的兴办过程中，我们看到部门、资本、大农各自利用自身优势资源进行联合。联合后从何获利？答案只能是盘剥小农获益。这样的盘剥有三个层次：其一是合作社内部大农对小农的盘剥，其二是合作社对社外小农的盘剥，其三是大合作社对小合作社的盘剥。本章主要探讨第一种盘剥。

在优势资源拥有者即政府部门、资本和大农的共同利益驱使下，大农联合小农的大户领办型合作社成为合作社发展的主体力量。大农联合小农组建合作社其最初目的是套取国家财政扶持资金和相关优惠政策，自然不会真正完善合作社内部的民主管理和合作制度。小农无法分享合作收益，其对交易成本的节约也只会止于汇集社员的购销需求。在这样的合作社里，执行的是"大农吃小农"的逻辑。几个大户联合起来，其实质就是合伙制企业（亦可以称为"合作社里的合作社"），许多情况下他们只是充当了一个中间商的角色，进行倒买倒卖。高价卖出农产品和低价买进生产资料、技术的对象都是部门和资本；另外，低价买进农产品和高价卖出生产资料、技术的对象是小农，因为小农没有退出同大户这一中间商的市场关系选择（要不就是接受直接同部门和资本打交道的更高的市场交易成本和价格），只能接受大户的盘剥。

二　"大农吃小农"逻辑的延续

上述农民专业合作社"大农吃小农"的发展逻辑并没有因为《合作社法》的实施而消除或逐步减弱，反而有在合作社兴办中继续发挥作用的态势。

"大农吃小农"的合作社实质上是在部门和资本有限组织农民的动机之下，帮助了部门和资本对小农的组织，增加了一个中间商，并不能解决小农在市场上的弱势地位，也并不能帮助小农加入生产环节之外的加工和经营环节中获取更多利润。这种合作社的大量存在造成了合作社发展的虚假繁荣局面，改变了财政专项扶持资金的公益性质，降低了财政专项扶持资金的效率。

当前的新农村建设，中央和地方各级政府高度重视，纷纷加大财政投入，财政支农资金每年以很高幅度增加。但是，新农村建设的目标是农村经济社会的全面发展，目前，以财政支农为主的新农村建设政策是否能促进这一目标的实现呢？进一步讲，新农村建设的重点是提高农民组织化程度，以财政投入为主的新农村建设政策是否能确保这一重点取得进展呢？

财政投入总量不可能满足农村发展需要，不可能普惠所有农户。部门的各种扶持方式无法避免浪费政府资源。财政投入除了用于农村基础设施和公共服务、改善农业生产条件外，很大一部分也开始投入建立农民合作经济组织。但是，目前涉农部门的营利性部门性质和资本下乡的实际格局使得当前财政投入不足以引导出一个健康发展的农民合作经济组织发展格局。示范合作社建设也只能扶大扶强，从而进一步加大小农和大农的分化。

上述分析可概括为：合作社中各个主体的力量对比和利益获得相对稳定，"大农吃小农"的逻辑有很强的路径依赖：政府部门从中获利的同时也体现了其扶持专业合作社发展的公益性目标，资本在赢利的同时获得了扶农的美誉；而带有企业性质的大农一边盘剥小农，一边向政府部门要钱；小农在这个过程中也许分到了一杯羹，但是比起应得的却少得可怜。

1. 企业领办、大户领办型合作社的数量优势

根据北京梁漱溟乡村建设中心农村合作社服务指导团队多年来在全国各地的实践经验，当前中国农村运行良好、管理规范、有实际成效的真合作社按照广义的标准推算也达不到20%，其他80%或是企业主导型合作社，或是官办的合作社，都难以称得上是符合民办、民管、民受益等基本合作社操作规范的真合作社。

《中华人民共和国农民专业合作社法》通过后，合作社发展速度加快，从中央到地方的政策支持逐步加强，合作社发展的经济和社会效益体现明显。但学者关于合作社发展总体情况的报告反映了当前合作社发展中的一些隐忧。不同学者做的概括不同。

王超英在关于全国合作社发展总体情况的主题报告中分析了有关问题。第一，是区域发展不平衡。已经登记的农民专业合作社，主要集中在经济发达地区和农村大省。第二，是合作社成员间紧密的利益链条建设问题。现实中的问题是"龙头企业办的合作社能不能成为真正的合作社？"第三，是简化登记手续问题。第四，是农民专业合作社发展的政策法律环境问题。

根据张晓山提供的资料，安徽省芜湖市已经注册的136个专业合作社中，农村能人（大户）兴办型的有

125 个，涉农部门领办型的有 4 个，龙头企业带动型的有 5 个，村级组织领办型的有 2 个。从合作组织的发起人来看，有家族牵头的合作社，有种植、养殖或营销专业大户牵头的合作社，也有几个人合伙发起的合作社。在实践中，合作社中大户领办和龙头企业领办在界限上很难划清，许多龙头企业往往就是当地大户自己牵头搞起的小公司或合伙企业。

张晓山从立法缺失的角度分析了这一问题。《合作社法》规定，合作社是"同类农产品的生产经营者或者同类农业生产经营服务的提供者、利用者，自愿联合、民主管理的互助性经济组织"。其中对合作社的定义，并没有明确认定农业生产经营服务的提供者和利用者同一，而这在国外关于合作社的定义中却是被突出强调的。在现实经济生活中，服务的提供者和服务的使用者在很多情况下是利益交换的两方，如果提供农产品销售、加工服务的是龙头企业，利用服务的是农产品的生产者（农户），农户社员希望初级产品能卖个好价钱，并能分享加工、销售的增值利润；而公司社员则希望农产品的价格越低越好，公司的利润越大越好。这部法令本身已经蕴含着利益双方的对立统一关系。龙头企业成为合作社的成员，实质上是将农业产业化中的"公司＋农户"或"龙头企业（公司）＋合作社（协会）＋农户"的外部联结形式内部化于合作社之中，从而把不同利益主体之间的关系和矛盾内化于合作社中。

十七届三中全会《中共中央关于推进农村改革发展若干重大问题的决定》提出，"鼓励龙头企业与农民建立紧密型利益联结机制"。在合作社内部，看这种利益联结机制是否建立，就要看合作社内部的所有权、控制权和受益权在利益相关者之间怎么划分，以及作为社员的专业农户能否成为合作社资产的主要所有者、合作社事务的控制者和合作社所提供服务的受益者。应该说，只有作为社员的农民（从事农产品专业生产或营销的农户）成为专业合作社的主体，他们在合作社中的经济利益得到维护，民主权利得到保障，他们获取的利润能增加，合作社的资产所有权、控制决策权和受益权主要由他们拥有，这才是实现了农民专业合作社的健康发展。

然而，目前一些省份的地方法规和政策规定则有违于这一方向。有的省份的地方性法规如《农民专业合作社组织条例》中规定：单个社员的股金或表决权数不得超过股金总额或总表决权数的 20％，这一标准虽使资本在一定程度上受到节制，但仍然占据主要地位。这是否意味着：四五个股东就可以在合作社中处于绝对控股地位？是否四五个大户就可以完全掌握合作社的控制决策权？而《合作社法》为了对大户的控制决策权加以限制，第十七条规定，"农民专业合作社成员大会选举和表决，实行一人一票制，成员各享有一票的基本表决权。出资额或者与本社交易量（额）较大的成员按照章程规定，可以享有附加表决权。本社的附加表决权总票数，不得超过本社成员基本表决权总票数的百分之二十"。这两个规定有明显冲突。

显然，一些省的地方性法规所确定的合作社的制度安排和现行的法律所规定的附加表决权总票数不得超过20％有不一致的地方，本质上还是一个如何看待和处理资本与劳动之间关系的问题。从今后的发展看，如何充分发挥资本的作用，同时又对其加以节制，协调资本与劳动的关系，仍是一个需要解决的问题。

从现实情况看，没有大农（专业大户）的加入，没有合作社的企业家，就没有成功的合作社。目前，发展好的合作社，往往设立门槛，排斥小农。这个问题和前面所说的龙头企业进入合作社遇到的问题从本质上说是相似的，关键也是大户社员和普通小农户社员之间能否建立一个合理的利益联结机制。

徐旭初根据实地调研，阐述了专业合作社发展面临的十大问题，分别是：办合作社的动机不纯，不是为了共同致富，不是为了共同服务，而是为了一己私利，为了套取财政扶持；合作社社员成分复杂，缺乏共同语言，说不到一块去；成员光知道要好处，对合作社事务不关心，对合作社规则不遵守；章程和制度做样子，民主管理空架子，少数人说了算，好处也是他们得；积极性很高，想法也很多，说说激动，做做不动；社员一大堆，产品没有销路；规模太小；地方政府和有关部门，不懂装懂瞎指挥；当地政府和有关部门"光打雷不下雨"；村党支部瞎掺和。徐教授提及如果把合作社理解为共赢机制，多数农民合作社是这种理念的合作社，必然向公司制靠拢。

以上学者提出的问题可以归结为：强势主体领办合作社，以及由此带来的内部治理结构不规范、入社普通农户受益少、合作社入社成员门槛逐步提高等问题。从这次会议提供的情况和学者分析来看，大户或龙头企业控制确实已经成为合作社发展中突出的问题，值得做出进一步的经验研究。与会者从立法和地方政府的角度提出了原因分析。以后的研究亟须从各个利益相关方的利益结构分析入手，深刻揭示这一问题形成的动力，探讨解决办法。

2. "大农吃小农"合作社的利润分配

资本和部门下乡发展起来的合作社，从宏观层面来讲，必将优先选择农业产业化链条中利润相对丰厚的环节，挤压农民自发合作的利益空间，恶化以农民为主体的合作社的发展环境。2007年，全国猪肉价格大幅度上涨之后，国家对养殖业制定了相当优惠的财政、税收扶持政策。由于小规模家庭养殖模式的市场效应不明显，地方政府纷纷引入资本的实力，在全国各地兴建了一批新的数量多、规模大的养殖场。由于市场需求总额的相对稳定，新的养殖场的兴建必然加剧全国市场上养殖业的内部竞争，资本和部门利益结合形成的市场合力自然要远远强于弱势的分散小农，家庭养殖业的发展形势必然会随之进一步恶化。根据我们的调查经验，近些年，全国各地农村分散的、小规模的家庭养殖业几乎都已经趋于破产，养殖业基本上已经被资本所控制。以此为鉴，如果给资本以下乡的机会，经济作物和有利可图的部分大宗粮食作物的经营权都有可能掌握在资本手中，这必将损害农民的利益，实际上等于不断地将农民从农业经营的各个领域驱赶出去，一步步侵蚀农民分享农业收益的能力和权利。

从微观层面来说，资本介入一个地方相关的农业经营领域，最理想的状态是资本利益和小农利益能够实现双赢，共同获利。问题是市场形势变幻莫测，一旦合作获利的空间不复存在，资本下乡不侵害农民利益，不将风险转嫁给农民的可能性几乎没有，资本持有者的道德感不足以让其甘愿承担经营失败的代价。因此，不能将希望寄托在资本身上，必须依赖农民自发、自愿形成的合力，依赖政府的推动力，以维护农民的基本权益为出发点，推动农民专业合作社的健康良性发展。

3. 少数农民的增收权与大多数农民的收益权

发展合作社是为了解决分散小农与大市场之间隐性交易成本过高的难题，但是合作社的发展必然会带来显性的制度运行成本分摊问题。由于弱势的小农之间，协商并达成一致意见的成本比较高，而合作社赢利的前景往往并不明朗，所以才会形成客观上需要、主观上却并不选择的"二元合作悖论"。由此可以看出，即便没有资本和部门利益的介入，"大农吃小农"也会成为合作社发展过程中必然要出现的现象。当然，如果"大农"是村庄里内生出的农民精英，以他们为主导力量自发发展起来的合作社，可以增强农民整体的市场主体地位，抢占尽可能多的利润空间。而且，由于"大农"仍然生活在村庄里，他们往往成为村庄公共品和地方社会秩序的积极提供者。不过，问题是"大农"的增收，不能以侵害"小农"的收益权为代价，比如，不能为了发展规模经营，就通过政府推动或是资本扶持的方式，将弱势"小农"驱离土地，削减"小农"的收益权而相应地强化"大农"的增收权。并且，从长期来看，"大农吃小农"的趋势如果不加以遏制，必将加大、加剧农民的阶层分化，给农村经济社会的发展带来新的难以预料的变数（王伦刚，2015）。

◈ 第四节 结论性评述

"大农吃小农"的合作社实质上是在部门和资本下乡的情况下，帮助了部门和资本组织小农，成为中间商，但并不能解决小农在市场上的弱势地位，也并不能帮助小农加入生产环节之外的加工和经营环节，获取更多利润。

目前，财政支持成为政府支持农民专业合作社发展的主要手段；但是财政投入总量不可能满足所有合作社的发展需要，也不可能普惠所有农户。涉农部门的营利性质和资本下乡的实际格局使得当前财政投入不足以引导出一个健康的农民专业合作社发展格局。2009年农业部会同国家发改委等11个部门联合印发了《关于开展农民专业合作社示范社建设行动的意见》（以下简称《意见》），明确了农民专业合作社示范社建设目标；在实施该《意见》时，一定要警惕示范合作社建设过程中的扶大扶强和合作社发展过程中"大农吃小农"逻辑的延续而带来的合作社分化和农民分化进一步加大的趋势。

由此可以得到如下几点启示：财政支持方面，努力构建普惠的财政支持体制，让尽可能多的农民专业合作社和小农受益，减小因合作社而导致的农民分化。政策支持方面，加大对农民专业合作社社长的培训和农户的合作化教育，提高他们的合作意识并尊重农民的首创精神，让他们在制度安排和治理结构设计上进行探索，看是否可以突破"大农吃小农"的逻辑锁定，真正使农民专业合作社成为各方利益紧密联结的合作性组织。人力支持方面，政府财政出资为农民专业合作社输入经过专业培训的合作社建设人才，以解决如今合作社普遍存在的人才短缺现象，也可以帮助政府更好更深刻地了解合作社的实际运营状况；大学毕业生将是一个不错的选择群体，当前一些地方开始尝试实施"一个合作社配备一名大学生"工程，同时一些涉农高校也开始专门开设合作社专业及相关课程，培养专业的合作社人才。

第 六 章

部门营利之下农民综合合作
组织的低度发展

当前在农民合作经济组织成长中，占据主导地位的是农民专业合作社，专业本身除了涉及基本的专业性生产要求外，在金融、财政、购销等方面，也有着巨大的需求。从这个角度来说，农民合作经济组织自身发展也就带有比较强的发展综合性业务的需求。另外，由于中国农业经营主体的大部分是兼业的小农，小农往往参与多种生产，从小农自身需求来说，专业化的合作经济组织只能满足小农的部分需求，加入综合性合作组织就成为其必然需求。

正是由于这两方面的原因，越来越多的人认识到，需要发展综合性的农民合作经济组织，这才是培育新型农业经营主体的主要任务。但是从目前的政治、经济、法律等各方面条件来看，农民专业合作社仍是中国目前政策扶持的重点。构建新型农业经营体系，需要在经营主体培育上，逐步加强综合性农民合作组织的发展，有针对性地推动专业性的农民合作经济组织发展综合服务功能，为农业经营体系发展起更多农民合作共享收益的主体。

自分田到户的农村改革以来，综合性农民合作经济组织一直存在。选取实际的农民合作经济组织进行研究，可以帮助我们理解综合性的农民合作经济组织的成长面临哪些困难，将来的政策促进和立法支持应该朝哪个方向努力。

本章选举四个典型案例，这四个案例分别是山东姜庄农民养殖协会、山西永济市蒲州农民协会、河北邯郸农业服务协会和浙江瑞安农村合作协会。① 这四个案例在成长路径、发起方式、业务范围等多个方面存在截然不同的特点，其目前的组织绩效也存在很多差别。本章将通过对它们的个别分析和比较研究，阐明在中国发展综合性农民合作经济组织面临的诸多困难。

---

① 四个案例中，笔者对山东姜庄和浙江瑞安的案例进行了调研，山西永济案例参考了杨团、石远成（2013）以及笔者多次听取的该组织负责人做的情况介绍。

◇ 第一节　发起时具有综合导向

从形式上看，姜庄农民养殖协会（简称姜庄农协）、蒲州农民协会（简称蒲州农协）、邯郸农业服务协会（简称邯郸农协）和瑞安农村合作协会（简称瑞安农协）存在很大差异。姜庄农民养殖协会是以农民养殖为主的带有一定专业性质的合作经济组织，其影响仅限于一个村庄的范围内；蒲州镇农民协会虽然是由现任理事长个人发起，但团结了越来越多的农民精英，服务内容越来越综合；邯郸农业服务协会则是一个贯穿整个地级市的合作经济组织网络，包容了大量的农民与非农民资源；瑞安农村合作协会，则是在新农村建设的大环境下，汲取国外农民合作经济组织建设起来的新型农民合作经济组织经验，其架构、组织、经营方式都与以往的农民合作经济组织有着很大区别。

然而，更深入审视这四个合作经济组织的运营方式与内在结构时我们会发现，这四个经济合作组织具有非常显著的共同特征——综合性，即它们都不是简单地只进行某一专项的经济活动，而是从农民生产生活的多角度去服务农户。

以四个案例中综合性最弱的姜庄农民养殖协会为例，虽然打着养殖协会的旗号，表面上看是专业性的，但是究其实质，养殖协会的成立是因为村民要求成立合作社，只是最终注册为养殖协会。在养殖协会的名下，有养兔协会（一个养兔专业合作社）、养猪协会（其实是一个养猪专业合作社）、妇女协会（后期办养鸭专业合作社）、老年协会、腰鼓队、秧歌队、农资服务部、武术协会、象棋协会等组织。实际上，养殖协会由于会员占到了全村超过 1/3 的农户，通过和村委会的合作，承担了社区很多公益事务，而且力图扩大会员到整个村庄，可以认为其是一个社区导向的综合合作社。

而蒲州农民协会，虽然主要由发起人郑冰所主导，带有浓厚的个人色彩，但其发挥作用范围极大，进行了包括文娱活动、教育资助、手工作坊、科技服务、生态园建设等在内的多项活动，影响范围涉及文化建设、经济建设和政治建设等多个层面，全方位地参与了与农民相关的各种活动。

后两个例子则带有浓厚的政府色彩，其从成立之初的一大目的就是协调涉农的各个环节，从供销、科技、金融等方面全方位进行影响，因此很自然地就是综合性的经济组织。

◇ 第二节 不同起点决定的发展路径

虽然四个案例都带有共同的特质——综合性，但是四个组织的起点却差异很大。从组织行为学角度出发，组织发起路径往往具有很大差异性，差异的原因在于组织发起时所处的环境不同。而将其细分，其主要的因素有三：政策环境、体制环境以及组织发起者。

姜庄的养殖协会，就是组织发起者影响发起路径的典型例子。姜庄养殖协会的发起是村庄内派系斗争的直接产物。由于村庄的自然属性，自然形成了村内的派别。而派别之间的关系，被农村的选举事件激化，由于在选举事件中受屈辱，以马宜场为领导的这一派走上了维权斗争的道路。

作为村庄中相对弱势的一派，在利用自己的各种资源，从不同的方面——选举权利、罢免组织、经济问题等，用多种方式进行了长久的斗争之后，发现这些传统的斗争方式难度较高而且对自身伤害也较大。在斗争走入困境时，他们寻求外部资源支持斗争。在此过程中，他们得到了"三农"专家、大学生志愿者等具有较高权威的组织与个体的支持与帮助，并发现了斗争的新型方式与理念，即自身成立经济组织，以组织的形式对抗另一派系的组织。外部的新型理念与内部派系斗争的要求一拍即合，基于外部"类国家"力量的权威性和合作社能带来的富裕和有尊严的生活的预期，最终促使姜庄养殖协会的产生。从姜庄的案例我们可以发现，农民自发组织在前，合作性经济组织成立在后，而由于外部理念输入加上农民精英的倡导，最终导致了综合性合作社的出现。在这个发展路径中，为什么成立的是综合性合作社而不是专业化合作社，原因主要是农民之前的自发组织，不是基于专业的生产运作，而是基于对精英个人的认同，基于由村庄传统生活氛围导致的派系斗争，所以在经济生活方面缺乏专业化意义上的一致性。因此，合作经济组织必然自发地涉及农民经济生活的各个方面，成为综合性组织。并且，由于该组织成立的缘由是村庄内的派系斗争，因此，参与村庄政治生活也就成为该农民合作经济组织的必然要求，这也就导致了养殖协会不仅进行养殖，还通过其他方式参与村庄公益建设与政治文化建设，成为真正意义上的综合性组织。

精英人物影响成长路径的另外一个典型例子则是蒲

州农协。蒲州农协是郑冰一手促成的。由于郑冰自身具有改变农民观念的理想，而且作为民办教师，在一定程度上拥有相对农民更高的知识文化素质的优势，加之家庭具有一定经济条件，因此以一己之力，开始建立农民组织。由于郑冰自身家庭就有进行农村科技服务的基础，从制度经济学的角度出发，她所成立的组织具有路径依赖，郑冰就是从科技服务入手，逐步进行农民组织建设的。

通过科技服务、文化活动等多方面的逐步扩展，在单一型组织形式无法满足其改变农民观念这一本身就具有很强综合性的目标的情况下，发起人自发地转向了综合性的组织。而郑冰外部的其他支持者，尤其是永济市主管农业的副市长，曾提供给郑冰关于外部综合性组织的相关信息。这就更促使了郑冰理念的转型，最终促成蒲州农民协会这一综合性团体的出现。蒲州的案例进一步说明，在这些主要由精英人物主导的农民组织中，由于精英人物与其他人员之间缺乏生产方式的共通点，组织的维持主要依靠精英人物的付出以及成员的认同，这种情况下的认同往往不会基于一个单一的方面，而是涉及多个方面的复杂认同，这种复杂状态也就会促使合作组织的综合性取向。

邯郸农协的成长路径则和上面两个依靠精英人物成立的合作组织有着很大区别。邯郸农协成立的基本背景是改革开放后的政府职能转变。政府从经济生活的直接参与者变成调控者与服务者。为了实现这一转型，并且保证农业生产的效率，邯郸市需要将政府的各涉农职能部门进行协调，并且保障小农农业生产的稳定性。在政府转型与小农化生产的双重背景下，邯郸农协应运而生。由于其成立目的是保证农业生产的效率，这也就要求与农业生产有关的各个方面都参与进来。就成立的初始目的而言，邯郸农协就成了一个综合性组织。成为综合性组织的主要原因在于当时的体制环境使得小农生产成为主流，而政策环境又要求解决农业生产的问题，双方面的交互作用促成农协的诞生。

瑞安农协与邯郸农协类似，同样具有相当深厚的政府主导背景，但其与邯郸农协的主要不同之处在于邯郸农协面临的问题主要是解决农业生产效率问题，而瑞安农协面临的却是更为复杂的"三农"问题，不仅要解决农业生产的效率，更要促进农村社会的发展，保障农民生活水平的提高。而多年的合作经济发展又给瑞安农协提供了更为丰富的合作经济发展经验。它比邯郸农协更为综合化，也是其发展的必然需求。

从四个综合性农民合作经济组织的不同成长路径我们可以发现，其综合性取向的原因各不相同，但是如果分析其特点，又可以发现，其综合性取向的产生也具有一定的一致性。这个一致性就在于，这些组织的形成，不是具有相同经济生产方式的农民的生产属性上的组织，而是由一定发起核心的推广型组织，核心与组织的成员之间的关系维护并不依靠生产方式的相似性，更多地依靠组织核心向成员推广其理念以及成员对于该理念的认同。在这种条件下，只要组织核心的目标具有综合性，就会自然地引导组织走向综合化。

◇◇ 第三节　维系综合合作的精英作用及其限度

一个合作组织能够生存、发展、壮大的一个核心要素就是拥有一个较强凝聚力的组织核心，保障组织的完整性，从而实现组织的运作与发展。这一点在综合性的农民合作经济组织中显得尤为重要。由于综合性的合作组织往往涉及多个方面，各个方面在很大程度上都会有一种分立的趋势，如果没有一个强有力的组织核心来吸引这些分立势力，综合性组织往往更容易被瓦解。

姜庄养殖协会的发起者马宜场，本身就是姜庄的精英人物，在村庄内拥有较强的号召力。在由于村庄内部选举导致的争执最终演变成以马宜场为代表的村庄中一派与另一派的斗争之后，马宜场带领自己的这一派精英进行斗争。而最终由于以上方式的不可持续性与非自利性，并且在获取其他外部资源——得到包括温铁军、李昌平以及大量大学生志愿者的支持之后，发现了新的斗争道路，即农民成立自己的经济组织，以组织的方式来对抗传统组织。在这种情况下，马宜场依托自己的号召力与外部的资源流入，领导这一派精英集体转型来进行经济合作社建设。他相对于普通村民；文化水平较高。而在领导维权运动的过程中，由于维权的需要，他也不断地在村庄以外寻求新的资源帮助。外部的影响，尤其是温铁军等人的影响使得马宜场的视野见识不断扩大，并且对合作社这种组织形式充满认同。而马宜场对其他成员的威望与影响力并非来自经济实力等硬实力，而是来自村庄内普遍的对于村庄权力中心的不满以及对外界权威思想的普遍认同，这也就使得马宜场作为合作经济组织的核心，对组织的经济建设持有的态度必然是主张进行多种经营行为，以及推动政治参与、文化建设和对公益事业的全面参与。

　　对于蒲州农民协会而言，核心组织者郑冰是维持整个组织生存发展的首要因素。就郑冰个人而言，她具有多重身份。首先，她的经济身份是农业服务的从业人员，并且是农民中的知识分子，这就使得她所主导进行的农民组织以科技服务和经济建设为基本突破口；其次，她是一名妇女，妇女作为农民经济组织发起的核心人物，在整个中国的农民合作经济组织发起者中并不多见。由于妇女群体在中国经济社会发展中长期的弱势性，群体内有着较强的认同性，因此郑冰组织农村妇女具有天然优势，而妇女组织的传统方式就是文化与教育；最后，由于郑冰组织农民的行为，她必然成为一种政治人物，可以借此获取一定的政治资源与帮助，并且能够了解政治动态与政策变迁，这也就使得郑冰组织农民进行相关的政治社会活动有了基础。不同身份属性、长期的农民组织实践，以及接受更高层次的学者、官员的影响使得郑冰的视野多元化，不仅从经济，更从文化、政治等方面来构架农民合作组织。

　　以上两个组织由于都是农民自发的组织，其组织核心是农民精英，这样带来的一个好处是组织核心能够充分地贴近农民。但是同样也带来一系列的问题，即农民精英式的组织核心视野往往有所局限，而且其所能调配的资源也往往有限，从长远的发展来说，如果组织核心不能给组织带来充分收益，那么组织核心的组织影响力将不断被削弱，组织凝聚力也随之下降。

邯郸农协始于1989年，是四个综合性农民合作经济组织中成立最早的一个，也是官办气氛最浓的一个。其成立的原因是邯郸市委、市政府的相关领导为了解决小农条件下农业生产的社会化服务问题，同时解决在经济转轨时期部分政府部门转型后的从业人员就业问题。由于当时的体制所限，邯郸农协在很大程度上只是政府机构的一种变体，有着较浓的官方气息。由于邯郸农协的地位相对较高，由地级市的政府领导，因此在政治上也能获得较多的资源。相关领导人员的素质等各方面也都较高，并且由于政府较为健全的机构设置都能相应地转移到农协中来，农协的组织核心具有较强的工作能力。但是，正是由于这些组织核心更接近于政府官员，而与农民、农业相对脱离，带有较强的官僚气息，这也就造成了农协的组织核心在一定程度上对农协所要服务的农民号召力不足，这是邯郸农协当前面临的一大问题。

瑞安农协与邯郸农协类似，同样带有非常强烈的官方气息，其主要发起者是瑞安市副市长陈林。但是，相对于邯郸农协的发起者，陈林虽然是瑞安市的官员，但其身份是挂职副市长，本身是清华大学公共管理学院博士后，具有较强的学者背景。同时，瑞安农协成立于新农村建设时期，相较于邯郸农协成立时的 1989 年，中国的政治经济形势都已发生了巨大变化，新农村建设的目的不在于向农村索取而在于对农业进行反哺。在这种情况下，以学者姿态、官员身份参与瑞安农协组建的陈林利用国家对农村的支持政策，积极听取学者对于"三农"问题的建议，在政府机构中吸纳各方力量，同时广泛动员农民组织参与。这样也就使得瑞安农协在成立伊始就有较高的视野，又不同于传统的官办组织，具有一定的农民视角。但是，作为外来者的陈林，对瑞安本地的问题缺乏亲身体验，而且学者的视野与真正的田野视角并不完全重合，这也使得瑞安农协的组织核心在充分调动本地资源上有一定的缺失。

分析这四个农民合作组织的组织核心，它们所具有的共同特点都是自身的身份、气质、视野等在整个组织中具有较强的向心力，但是也都存在这样或那样的不足，贴近农民生活实际的往往视野不够广阔，而具有一定视野的往往又和一线的农民有一定距离。这些组织核心的问题，往往就导致了这些农民合作组织在真正实施综合性解决方案时力不从心。

◇ 第四节　综合性业务逐步成长

之所以称这四个组织为综合性农民合作经济组织，并区别于专业农民合作经济组织，关键在于这四个组织的业务范围不局限于某一特定专业，而是多种业务综合进行。这里的多种业务不仅仅指其经济经营业务，在很大程度上还包括政治、科教、文化等其他业务。

姜庄养殖协会是一个打着协会的名义，进行合作社的运作，以经济建设为主，却又积极参与乡村文化、政治生活的合作经济组织。以马宜场为代表的这一批人的组织化，起因在于自然村落里的派系斗争，然后在派系斗争中不断激化与另外一派的矛盾，同时增强了自己组织内部的组织性。虽然，最终政治意义上的维权斗争以马宜场这一派的失败而告终，但是，在斗争中不断成长的马宜场以及其派系成员在此过程中不断汲取乡村社会以外的经验，最终政治斗争转向了经济斗争，也就是合作社建设。由于这一派系人员的多样性，以及初始目的的多样性，这些多样性都在合作社的内部得以体现，即从经济建设上，合作社包括了养兔、养猪、养鸭、农资服务等多个组织；从合作社参与活动上，合作社还参与了村庄的公益活动、文化建设，进行武术、象棋等村民所乐意参与的活动；从组成人员结构上，合作社的成员更是涵盖了全村近一半的村民；从政治发展上，参加合作社的这群人已经成为村里举足轻重的一股政治力量。从这个意义上来说，合作社已经完全容纳了村民生活的方方面面，业务范围极其广泛。

与姜庄不同，蒲州的农民协会并不是一开始就是一个综合性的农民组织，而是在发展的过程中，不断进行经济、文化、教育等多方面的工作，最终这些工作的影响汇集到一起，使协会不断发展扩充，最终成为一个综合性组织。换句话说，即各种不同的业务工作在前，协会的成立在后。最初，协会的组织人郑冰组织的是农业科技服务中心；在单纯的科技扶助后，郑冰转向了妇女协会，以妇女协会为依托，组织农民进行娱乐活动；最终妇女协会的范围扩大到全体农民，成立了农民协会。在整个发展过程中，农民协会（包括其前身妇女协会等）即组织农民进行文化活动，帮助农民普及子女教育；又积极参与经济活动，创办了多个合作性质的手工作坊以及科技服务中心；此外，她还积极地进行社会、政治活动，引导村民了解国家政策，组织村民共建公益设施。农民协会的业务，完全深入了农民生活的各个角落。

作为计划向市场转型时期由一个政府主导的农民合作组织，邯郸农协从诞生的第一天就带有明显的政府调控的特点。由邯郸市市委、市政府一手建立起来的组织，从一开始就把邯郸市从市到乡的各级涉农服务部门纳入农协的构架之内，试图建立起一个从多个方面来集中力量，共同作用于农业与农村的生产机构。同时，农协又在一定程度上代理了农民与市场进行对接，全面介入农民农业生产以外的购销等活动。由于邯郸农协具有较高的政治地位，拥有着相对于前两个农民自身建立的经济组织更强的资源获取与资源分类能力；因此，虽然邯郸农协并不如前两个组织深入农民的具体生活环境，但是其影响与作用却更为巨大。

新形势下建立起来的瑞安农协，可以说吸取了民办与官办综合性农民合作组织的优点，同时也部分克服了传统农民合作组织的缺点。从业务的广度来说，瑞安农协涉及金融、生产、购销等农民生产生活的方方面面，将涉农的各个部门都吸纳进来共同为"三农"服务；
从业务的力度来说，官办的色彩加上较为合理的运作方
式，使得瑞安农协所发挥的作用相对农民自发组织更为
巨大；从业务的作用来看，由于瑞安农协不仅吸纳涉农
部门为重要成员，更吸纳了大量农民组织作为农协的会
员，这样使得农民的利益在农协的框架内更容易体现和
发挥出来，这也就使得农协服务的范围是真正农民所需
的业务范围。

　　由于四个农民合作经济组织所影响的范围不同，分
别为村庄、乡镇、县市和地区，因此业务范围也难以一
致。但是其突出的特点是，各综合性农民合作经济组织
都在自己所影响的范围内全面服务于农民生活，而且是
服务于整个范围的农民，即综合包括两个方面：一方面
是对单一农户的多种服务；另一方面则是对区域内农户
的全面服务。只是由于各经济组织自身的局限，业务范
围都只能影响农民生活的多个方面而不是全部方面。从
这个意义上来说，综合性农民组织的发展过程，就是其
不断扩大自己业务范围的过程。

◇◇ 第五节　绩效不足与体系缺失

从目前四个综合性农民合作组织的发展情况来看，它们都在自己的范围内发生了卓有成效的影响，为当地农民生活、农业生产与农村社会发展做了大量的有益工作。只是由于自身力量与周围环境的限制，所取得的成绩有大有小。

较之专业合作社，这几个综合农民合作组织目前的最大优势在于能全方位地为农民服务，而不是像专业合作社那样仅能为部分农户服务。而且，由于中国农村社会多以兼业小农为主，专业合作社的覆盖面十分狭小，这也就导致综合性组织的作用较之专业合作社更为全面。

但是，从目前来看，四个综合性组织的作用发挥，都有不尽如人意的地方，造成这些问题的原因，在之前对发起路径、组织核心、业务范围的分析中有所体现，这里我们将着重提到的是现状与经验教训。

姜庄养殖协会，是四个组织中自发性最强的组织。该组织农民的高自发性，使得养殖协会在成立初期能够迅速地克服合作成本，达成合作的意愿。但是，正是由于这种农民自发组织的原因，使得组织结构缺乏合理性，完全凭农民自我的组织意识进行架构。虽然在此过程中，外部专家、学者、志愿者给予农民一定的支持与帮助来进行合作社内部架构建设，但是起主导作用的仍然是农民的自我组织意识。即使按照外来的帮助，建立起来一套理事会、监事会相互制约的机制，却都由于农民自身的参与意识的薄弱以及多元制结构下的各组织相互对立导致这些精巧的组织结构设计无法发挥其应有的作用。更为致命的是，由于仅仅在一个村庄内实施合作经营，甚至在一个村庄内也无法涵盖所有农户，这使得合作社所能获取利用的资源十分有限，无法在短期内迅速将合作收益体现出来，并且合作组织受外界掣肘。

蒲州农协，由于是在一个镇的范围内建立的农民合作组织，其实力相对于姜庄养殖协会来说大了不少，而且由于其组织者的成功运作以及农民协会的政治意义，获取了政府的直接支持，这也使得它能够在一定程度上获取相应的资源来为农协服务，使农协的发展更具有持续性和影响力。但是，蒲州农协很大程度上就是郑冰一人的产物，尤其是在发展的初期和中期。郑冰的个人能力能够承担在协会成立初期的小范围文化、娱乐等活动，也能够组织部分成员进行一些小规模的经济活动。但是，到发展的后期就要求郑冰设计一套完善的组织架构，并建立起健全的制度措施来维护农协这样一个面向大量小农户的非营利组织的日常运转及未来发展，这就成为一个相当大的难题。郑冰作为一个农民知识分子，虽然吸收了一些先进思想，但是仍在视野、能力等各方面显得有些不足。在个人力量有限，又不能通过合理的组织架构吸引更多有能力的人来共同建设的情况下，蒲州农协的进一步发展也较为困难，只能维持现状。

邯郸农协是四个组织中规模最大的，也是运营最为长久的。由于邯郸农协的官办身份，使得它能够突破农民自身实力的限制，通过政府部门、涉农企业等发挥相对更大的作用。相对于前两个组织而言，邯郸农协所能调用的资源是前两个组织所不可想象的，所能给农民提供的帮助也是前两个组织无法实现的。但是，邯郸农协的体制过于庞大，在内部的小型组织设计上显得尤为不足，不能及时地将农民需要转化为农协行动。同时，过于强大的官方背景，也使得农协自身的运作往往受到政府意见的限制，甚至在很大程度上沦为政府控制的工具。这一系列的问题都使得邯郸农协腾挪不足，发展缓慢。

瑞安农协是最近出现的新鲜事物，它不仅吸收了国内的农民经济组织经验，同样参考了国外的经济合作组织的经验。有着跨学科知识背景的陈林，充分利用自己的官方身份，发挥自身的学识优势，在当地的政府部门间精心设计，最后构建了一个多部门、多组织且涵盖多方面功能的新型组织。从其运作的一段时间来看，瑞安农协充分发挥了它设计预想的功能，从金融等方面解决"三农"问题，而且能够抓住当前"三农"问题的重点加以突击解决，较之前面三个农民合作组织，绩效有了较大提高。

但是，瑞安农协目前的整合力度还远远不够，只是在不伤害各群体现有利益下实现各团体的低层次合作。由于运作的成功性，在目前条件下，通过种种方式吸引来了更多的外部资源投入，使得农协框架内的各微观组织目前都可以获取新的利益增量。而随着这种整合的进一步进行，当外部资源不能持续输入，总体的利益增量会消失；随着利益的重新分配与权力洗牌，必然会引起部门营利框架内的各组成单位的不满。在农协内部缺乏农民成员权的真正落实和合作内容的自我组织，而这也使农协的命运不掌握在农民手中。其在后期停止运作就因为失去了党委政府的强力支持。

◇◇ 第六节　结论性评述

综观四个综合性农民合作经济组织的发展历程与现状，通过上述分析，我们可以得到如下结论。

第一，和专业性合作经济组织不同，综合性农民合作经济组织的发展更加需要党委政府倡导。无论是农民自发组织的姜庄养殖协会和蒲州农民协会，还是一开始就是由政府主导的邯郸农协和瑞安农协，其发展的过程离不开党委政府倡导。部门营利框架内，单个部门很难倡导和支持综合性农民合作组织的发展。由于综合性农民合作经济组织相对专业性合作经济组织，结构更为复杂，影响也更为广泛。单纯依靠参与农民的自发行为，很难维持组织的长期存在。姜庄的养殖协会，能够成立的重要原因就是政府给予该组织一定支持，而蒲州农民协会的基本构想也得益于副市长，至于后面两个农协，本身就是政府所主导的。

第二，综合性农民合作经济组织发展的理想层级应该在乡、县两级。从四个综合性组织的发展状况来看，村一级以及乡镇一级的综合性农民合作经济组织往往力量有限，无法起到全方位服务农民生活生产的目的，并且自身的抵御风险能力也较弱。姜庄的养殖协会，只能在外界的帮助下进行小范围的扶持，而对于更大程度上改善农民生活的养殖场计划只能望洋兴叹；蒲州农协在很长时间里，也只能进行生产技术和供销方面的有限服务，无法对农民所需要的金融等问题提供充分支持。而邯郸农协和瑞安农协，则能充分调动各种资源，从金融、技术的方面全方位服务。

第三，综合性农民合作组织的发展需要站在构建新型农业经营体系的高度，提前布局，精心指导。要选好带头人，注重实在绩效，不求外在形式。追求合作组织内部合作文化的培育和具体实在的合作内容的发育。要对各种合作，如技术服务、合作购销、资金互助等加强技术和制度上的指导，避免类似农民专业合作组织发展上的假、空、散和数量至上的失误。

第四，综合性农民合作经济组织发展的突出困难是如何突破"部门化"体制，整合部门资源。涉农行政部门的分立和营利化是发展综合性农民合作组织的首要障碍。由于发展综合性农民合作经济组织需要政府扶持，并且主要层级应该在县级以上，因此必然需要得到县级以上各涉农部门的充分支持。但是目前政府内部部门利益现象严重，条块分割的部门利益现实使得综合性农民合作经济组织往往处于各部门关注的视线之外，得不到应有的支持与帮助。要发展综合性农民合作经济组织，更好地为新农村建设服务，关键就在于改变目前条块分割的现状，突破部门利益，整合各方面资源共同为综合性农民合作经济组织服务。

第 七 章

推动农民综合合作才能真正
"去部门""化资本"

　　第六章分析了与农民专业合作组织同时发展的农民综合性合作组织发展的困境，揭示涉农部门体制是发展农民综合性合作组织的基本困难。从新型农业经营体系的两个关键问题，即发育以农民为主体的经营主体，以及建立国家与经营主体之间的良性关系来讲，"去部门""化资本"都应该是改革的核心要义。本章分析当前一些"去部门"政策的两面性，揭示只有以农民合作化"对冲"部门营利和资本下乡，才能开启构建新型农业经营体系的新路。

　　涉农行政体制的"部门化"弊端需要通过改革加以革除。改革方式必须成本较小、收益具有扩展性。在农业社会化服务体系建设上，当前一些针对涉农部门的改革政策，用意是"去部门"，有打破"部门化"的潜力，但如果不能细致辨析以克服其负面效果，则仍会不自觉地加强"部门化"。有关政策需善加利用，才能有上佳效果。

◇ 第一节 "去部门"的现有政策及其两面性

一 "去部门"的现有政策

1. 加强一定区域内农业社会化服务体系的内部协同

国家正在省级和县级层面上进行农业社会化服务体系试点示范。2012年，农业部经管司主持召开了全国性的"推动农业社会化服务体系惠及合作社发展座谈会"，布置积极推进国务院综合改革农业社会化服务试点示范省工作，并在全国各地开展农业社会化服务体系建设示范县创建活动。同时，在国家农村改革综合试验区，也安排了农业社会化服务体系试点工作。在省级和县级层面上进行的试点，虽然目标主要是探索新的社会化服务形式，但也内含借此达成在地方政府层面实现各部门有效协同、构建合理体系的目标。这样就可以在一定区域内形成"去部门"的农业社会化服务体系。但如果试点又变成某些强势部门争取资源、创造政绩的工具，就只会加强"部门化"趋势。

2. 通过政府采购方式向经营性农业服务组织购买公益性服务

2014 年中央一号文件提出支持具有资质的经营性服务组织从事农业社会化服务。[①] 2015 年中央一号文件进一步强调了采取购买服务等方式，鼓励和引导社会力量参与公益性服务。[②] 为此，在 2015 年 7 月，农业部启动了在部分具备条件的地区组织开展政府向经营性服务组织购买农业公益性服务机制创新试点，首先支持的是试点县在专项服务转向综合服务全程化方面展开试点。但是，这一试点的组织仍然依托着"部门化"的工作机制，农业部起着主导作用。农业部有关文件规定："试点省份省级农业社会化服务工作主管部门在确定 2—3 个试点县后，组织试点县制订详细的试点实施方案，报农业部农业社会化服务体系领导小组审定。实施方案要根据当地农业产业特点和社会化服务组织发展等

---

① 《关于全面深化农村改革加快推进农业现代化的若干意见》，2014 年中央一号文件，载《中共中央国务院关于"三农"工作的一号文件汇编（1982—2014）》，人民日报出版社 2014 年版。

② 《中共中央国务院关于加大改革创新力度加快农业现代化建设的若干意见》，中央政府门户网站，http://www.gov.cn/zhengce/2015-02/01/content_2813034.htm。

实际情况确定试点内容，可以有所侧重，力争在某一个方面或环节有所突破，试点期限 1 年。"① 这说明，在由部门主管农业社会化服务体系的过程中，虽然有责任归属明确的优点，但是由于工作难度大，也助长着部门急功近利、追求表面政绩的冲动。试点一年时间就要求在某个方面或环节有突破，难度很大。

3. 推动供销合作社成为农业社会化服务体系的主导力量

2015 年 3 月，中央制定了关于供销合作社综合改革的文件。其中对供销合作社的定性是"供销合作社是为农服务的合作经济组织，是党和政府做好'三农'工作的重要载体"。文件中把供销合作社改革的必要性阐述为：农业生产经营方式和适度规模都要求发展农业社会化服务，农民生活需求加快升级，迫切要求提供生活服务，新形势下加强农业、服务农民，迫切需要打造中国特色为农服务的综合性组织。文件认为，供销社的"组织体系比较完整，经营网络比较健全，服务功能比较完备"，供销社的改革就是要"推动供销合作社由流通服务向全程农业社会化服务延伸、向全方位城乡社区

① 《农业部办公厅关于开展政府向经营性服务组织购买农业公益性服务机制创新试点工作的通知》（农办经〔2015〕12 号）。

服务拓展,加快形成综合性、规模化、可持续的为农服务体系"。根据这一文件,供销社就是提供农业社会化服务、农民生活服务的为农服务综合组织,供销社改革的目标就是改造成农业社会化服务体系的主导力量。如果供销社改革成功,因为供销社本身成体系的特点,供销社系统甚至就可以成为农业社会化服务体系本身。2015年7月,供销社系统召开了全国第六次代表大会,进一步明确了有关的改革任务,可见其努力成为农业社会化服务体系主导力量的决心和准备。但是,供销社具有行政部门、事业单位、企业、合作组织等多重属性,其自身也是"部门化"中的一方力量,改革自身的过程将比较复杂,落实农业社会化服务体系建设的为农方向仍具有不确定性。

二 "去部门"政策的两面性

综观这些去部门的政策,往往局限于特定范围内,无法对整个条块分割的涉农部门管理体制进行改变,而条块分割恰恰是部门利益能够发挥作用的根源。正如第四章分析的S市对于乡镇农机助理的改革,其本意是将农业相关的服务人员进行一次整合,从而打破部门之间的界限,使部门利益在乡镇一级的影响淡化甚至消失。

但是，由于改革只涉及乡镇的相关部门延伸机构，而对上一级的部门没有进行对应的改革，而且对于改革后这些延伸机构原有人员的管理，依然没有摆脱职能局的控制，条块分割的管理运行模式并没有被打破，反而因为这次改革使得职能局获得了更多的操作空间。如2007年，农机局就从部门财政补贴中提取了一部分作为农机局的工作经费。

部门化的另外一个问题是部门利益与公众利益的不一致，或者说对部门损害公众利益的行为缺乏有效的制衡，这也就使得在部门与政府的博弈中，只要政府对部门的不当行为无法及时有效地做出判断并采取相应的措施，部门就一定会选择那种对自己而言收益最大的行为方式。正如对农机助理的工作评价主要由农机部门来执行，而拥有一定评价权的乡镇政府却由于精力和评价渠道间的原因往往会放松评价，这样就使得农机部门可以继续支配原有的农机助理。而市政府只能依靠农机局和乡镇的相关汇报来对乡镇农机助理的工作情况进行判断，因此也无法采取措施来避免这种行为。

要打破部门利益的藩篱，需要的是部门运行体制的整体变革。这需要将社会对部门的直接反馈传达给有关部门并加强监督，降低部门直接获取利益的能力。仅仅针对部门利益表现的一个方面或者部门利益成因的一部分进行改革，尤其是地方政府的改革，总是无法真正地改变部门管理体制的现状，对于部门利益的监督与控制也无法有效实施。虽然有时候部分改革可以生效，但往往只是将部门利益由一个部门转换到了另外一个部门，对于部门利益影响部门行为的问题，始终也难以寻求到好的解决方式。而要形成社会对部门的直接反馈，就要加强农民的组织化。

◇◇ 第二节　部门营利和资本下乡的合流

在多年来对农业经营体制（系）进行改革，发展村级集体经济、拓展涉农经济技术部门服务功能、培育龙头企业、发展市场化农业服务组织的过程中，村集体或合作经济组织、乡镇企业、经济技术部门、龙头企业确实都得到过相当程度的发展。但是，由于在"统"的层次和分散农户层次之间的利益关系构造上一直缺乏全面的、前瞻性的设计，"统"的层次并没有发挥期望中的引导农户进入市场并促进农户收入提高的作用，甚至往往站在农民利益的对立面，恶化了农户尤其是小农的经济和社会处境，也使得发展农民合作经济组织变得日益迫切和条件复杂。

于是，我们看到了资本和地方政府部门的合流。资本下乡必然是为了利润而来。由于分散的小农家庭无法构成对资本势力的挑战，在农业商业化和产业化的过程中，城市资本已经渗透到农业产业链条中几乎所有有利可图的环节。资本涌向农村，离不开地方政府的支持。在延续近30年的唯GDP的片面发展观指导下，地方政府招商引资的压力非常大，只要资本愿意来，什么条件都可以谈。"资本要下乡，商品要上架"成为地方官员的基本发展思路。如此一来，在当前的中国农村，加工、流通、销售等各个产业环节的利润大都已掌握在资本的手中，农民尤其是小农从事的则主要是微利的生产环节。

资本下乡得到了政府的支持，政府的财政、税收等各个部门和管理环节都对涉农资本开了口子，从各个方面给予政策优惠。政府不仅从政绩的角度考虑推动了资本下乡的进程，而且还以自身拥有的资本参与了资本下乡的过程。部门、资本下乡是在中央和地方各级政府推动下出现的，通过让各个涉农部门开展营利性涉农服务，增加部门收入，既减少了国家财政的投入，又缓解了涉农部门的生存危机。当然，中央和地方各级政府还有另外一个动力，即依靠各个涉农部门改善对农户的社会化服务，帮助农产品更好地进入市场。

部门和资本下乡必然要面临的难题是如何以较低的制度运行成本解决与农民打交道的问题，由此衍生出的是"扶强不扶弱"的嫌贫爱富的发展逻辑，即资本和部门优先选择乡村里的大户作为合作的主体。很明显，如果不能打破资本与部门利益合流的发展格局，就不能从根本上解决合作社发展过程中出现的诸如"大农吃小农"之类的"异化"现象。资本与部门利益的合流只会强化农民的弱势地位，从弱势的分散小农那里争夺原本就非常有限的利润空间，在大多数时候发挥的不是做大蛋糕的作用，而是分享已有蛋糕的作用。农业的总利润是有限的，部门和资本下乡并不能从根本上改变农业发展的基本格局，也无法实现农业增加值的快速提升。资本和部门主导农民专业合作社的发展，不可能是为了农民增收、农业发展，而只能是为了剥夺农民利益，从分散小农身上抢夺利益自然不利于农民基本权益的保护。

◇◇ 第三节　构建新型农业经营体系的实质是
　　　　　农民综合合作

　　"部门化"的加剧已经使中央政府依托部门进行
农业社会化服务方面改革的空间和可能性愈来愈小。因
此，必须及时加强"中央—部门—地方政府—农户"
四方博弈中的农户力量。中央政府应该做的是及时启动
和大力倡导农民的组织化，从而达到逐步制约部门不当
利益，乃至最终融合、取代部门，以此作为去除"部
门化"的根本方略，形成以农民为主体的农业社会化
服务新体系。

　　低度的农民组织化现状实际上是"部门化"体制
运行及其弊端凸显的重要前提条件。"部门化"服务体
系存在的问题，使得农户获得服务成本高昂，所获服务
质次价高，不仅没有获得其应该获得的基本公益性服
务，反而由于市场化服务的高价和质次使增收空间越来
越小，多数农户只是力量弱小的兼业小农，无法有效表
达自己的服务需求，对服务供给的价格、质量和服务体
系的合理构造无法提出有效的建议，更无法使其做出改

变。几乎所有服务主体都不由农民自己控制。农民的低度组织化，使得在公益性服务领域，农民无法作为弱质产业和多功能性产业的从业者获得应有的合理扶持；在经营性服务领域，农民也无法作为强大的服务需求方，通过集体行动达成对供给方的有效约束，而只能逃避（如弃耕、不使用服务）或忍耐（支付高价、容忍低质）。在这样一种不合理的服务体系面前，农民不能成为改变现状的积极力量，而是在某种程度上，成为部门化主体服务体系的牺牲品和默许者。

依托部门建立的"部门化"服务体系有部门自身利益，同农户综合性服务需求和中央政府支农惠农主旨并不相容，不可能由部门自身去谋求改变。这种部门利益不完全是在市场竞争下的合理的市场主体利益，也并不完全是在部门内部保持一致的一体化部门利益，更不可能是会主动寻求各部门协同的有克制的部门利益。[①] 要真正地建立这一服务体系的优势，将服务体系转向全面满足兼业农户或半耕半工农户的综合服务需求，方向只能是逐步建立以农民为主体的脱离部门归属和影响的综合性服务组织。这一组织得以建立需要

---

① 仝志辉：《"部门分立体制"下涉农部门合作的空间——以 R 市农村合作协会为例》，载《中国乡村研究》第六辑，福建教育出版社 2008 年版。

政府大力倡导和推动，它得以壮大的机制则在于服务供给主体和服务需求主体的一体化和内部利益机制的一体化。

因此，当前供销合作社改革等"去部门"的努力就必须和农民组织化结合起来。"去部门"的改革方向能否坚持、改革措施是否有力，就必须从是否能促成农民组织化角度加强理解。供销社改革是当前健全农业社会化服务体系的关键问题。供销社在改革中必须减弱甚至去除其部门色彩，真正成为农民合作经济组织体系。同时，为形成区域农业社会化服务体系健全运转的目标，中央政府应制定出使地方党委、政府脱离部门利益而主动改革的政治激励和经济激励，通过试点使部分地方政府也来主导这一进程。地方政府和供销合作社形成合力，加强农民合作经济组织的联合，逐步地把各部门化的服务功能交由农民合作经济组织行使，逐步使部门化的服务主体成为农民合作经济组织。

也就是说，农民组织化的实质是农民合作化。要让农民合作组织成为农业社会化服务体系的主体。农民合作化包含了农业社会化服务体系建设，农业社会化服务体系建设的核心内容是发展农民合作组织。以农民组织化为内涵的农民合作经济组织体系就是30多年来一直希望健全的农业社会化服务体系。它何以能够自我发展？除了因国家的财政扶持资金绕过部门直接面对农民组织、资金使用效率大幅增加外，主要是因为这一体系与农户有紧密的利益关系。因此，农民合作化成为农民组织化的本质内容，合作制成为农民组织化的根本形式。合作制的形式使得农户可以在其中发挥决策主体作用，最起码可以有效传达需求、参与制定服务价格和利润分配方案。由于这种紧密的利益关系，以及多数农户都使用这一组织体系提供的服务，农业社会化服务体系就可以实现规模收益，从而支撑其不断发展壮大。原来在"部门化"的服务体系中，片面强调国家扶持和培育，机械划分公益性服务和经营性服务，没有看到农业社会化服务和农户结合可以产生的巨大的规模收益来源和动力机制。只有通过合作制实现农民组织化，农业社会化服务体系才能最终建成。那时"社会化"的两个针对性以及和农户的利益联结自然就不再是问题。农业社会化服务体系这一政策才能落实。

第 八 章

农民综合合作体系目标与
"三位一体"路径

承接第七章有关农民合作化的论述，本章首先从总体上阐明农民综合合作的制度构想和理论由来，也从农村市场化的限度和农业合作的现实状况扼要阐明实践依据，并扼要提出实现"三位一体"农民综合合作的可行战略。

◇ 第一节　农民合作化目标是建立"三位一体"
　　　　综合合作体系

一　"三位一体"农民综合合作的制度内涵

"三位一体"农民综合合作，指的是以综合性农民合作组织为基本构成单位，通过横向联合和纵向整合，形成的将农业全产业链利润留给农户，实现农户家庭经营可持续发展的合作组织体系。它有三个方面的内涵，分别对应着一定的组织建立任务，并在建立整个农民合作组织体系中发挥各自的作用。换言之，"三位一体"农民综合合作既是农民合作的新形式，也是农民实现合作化的新路径。

首先，建立以农户为主体社员的基层综合性农业合作组织，从事对农户家庭经营的生产技术、流通、金融等环节的全方位服务。与专业合作社以某一生产服务环节为主不同，它集专业合作、流通合作、金融合作三种合作功能于一身，是三种合作功能的"三位一体"，以对应农户经营的多方面服务的综合需求。对于占农业经营主体大多数的兼业小农户，这种综合性合作组织加入成本低，获得收益高。

其次，为使基层农业合作组织的专业合作、流通合作和金融合作三种合作功能真正实现一体化，就要在基层、地方乃至中央层面上整合和改造现有的专业合作社、供销社和农村信用社三类合作组织，整合资源、互联互通，针对基层农业合作组织的合作需求展开服务。在基层，要推动专业合作社、供销社和农村信用社融入基层农业合作组织，即通过三类合作组织的"三位一体"实现三种合作功能的三位一体。

最后，通过联合和整合，将全国、地方（行业）和基层三个层次的农民合作体系在纵向上实现一体化，实现三级合作体系的"三位一体"。建立纵向体系，主要是放大融资服务的规模和深度，提高合作体系进行技术推广的能力和效率，增强农民合作组织在城乡之间、国内和国外之间农产品和涉农服务贸易中的价格谈判能力。

在这一合作体系中，小农户既是基层合作组织的社员，也是地方（行业）和中央的合作体系的会员，中央、地方（行业）和基层三级合作体系借以实现一体化，农户在这一合作体系中作为主体，真正具有主体地位，参与管理、分享利润。

依托以上三个"三位一体"构造出来的新农民合作体系，国家可以下达支农资金以及农业扶持政策，贯彻农村发展政策，农民合作体系则相应承担起了经济合作、社会服务和行政扶助功能，从而实现了经济合作、社会服务和行政扶助的"三位一体"。农民合作体系不仅将重构农业经营体系，最终也将创新农村治理体制。

二 构建"三位一体"农民综合合作是发展农民合作的战略目标

"三位一体"农民综合合作的最初构想源于习近平总书记在浙江省省委书记任上时推动的新型农民合作组织建设。2006年初的中央一号文件刚刚提出"社会主义新农村建设",时任浙江省省委书记的习近平同志就在当年1月8日的全省农村工作会议上,提出农民专业合作、供销合作、信用合作"三位一体"的构想,后来在12月19日的全省推进试点的现场会上进一步表述为:"三位一体"是三类合作组织的一体化,也是三重合作功能的一体化,又是三级合作体系的一体化。"三位一体"农民综合合作的思想立意深远,其指导的实践在浙江形成初步经验,后在邻省一些地方得到推广。习近平当选党的总书记后,在实地考察农业和农村工作时,继续不断思索农民合作的方向和路径。

2013年3月,在全国"两会"的座谈中,习近平同志回顾新中国成立60多年来农村先由分到合、再由合到分的过程,指出:当时中央文件提出要建立统分结合的家庭联产承包责任制,实践的结果是,"分"的积极性充分体现了,但"统"怎么适应市场经济、规模经济,始终没有得到很好的解决。进入21世纪的10多年来，像沿海地区以及农业条件比较好的地方，在这方面都做了积极的探索，也有了一定的经验。

习近平提出将"三位一体"作为农民合作的新形式和实现农民合作的新路径，并非回应短期问题的临时政策，而是立足农业经济和农村发展的根本处境，即农村市场化，提出农村改革的战略构想。他指出："随着市场经济的发展和农村改革的不断深化，一些影响农业和农村经济发展的深层次矛盾逐渐显现出来……一家一户的小生产经营方式不适应社会化分工、分业大生产经济发展规律的客观要求。"他分析了农民在市场经济中的弱势定价地位后说，"必须使分散的农民联合成为一个有机整体，以形成强大的市场竞争力"。习近平在其博士论文中指出："要走组织化的农村市场化发展路子。"他提出："要发展农民的横向与纵向联合……强化农民合作经济组织的农产品销售职能，加强产后服务，把生产职能与流通职能融为一体……发展跨乡、县的地区联合，组建大规模的中心合作社或农产品销售集团……有计划、有组织、有步骤地发展多层次、多形式、全方位的农业社会化服务组织。"

"组织化的农村市场化"，既是指农业产业的组织化，更是指农户通过合作组织形式得以利用和控制这些产业组织，从而真正使得农户成为农村市场化中的首要主体力量和农业产业化中的首要获益力量。这和以往的专业大户、涉农企业、雇用农业工人的家庭农场大户、企业主和农场主获得大部分利润的农业经营形式不同，是农户经营走向集约化和规模化新阶段的新道路。在习近平的论述中，纵横联合，融为一体，跨乡、县的地区联合，多层次、多形式、全方位——这些思想，已经标志着"三位一体"农民综合合作的理论和具体设想日益明确。

◇◇ 第二节　构建"三位一体"农民综合合作体系的现实和理论根据

一　现实依据："统""分"结合未能实现

农村家庭联产承包责任制构造了家庭经营的以小农户为主的农业经营主体，但随着市场经济的发展，也带来新问题，即小农户和大市场如何对接改革。30 多年来，我们一直试图坚持基本的改革方向，即"完善以家庭经营为基础、统分结合的双层经营体制"，试图通过"统"的层次来连接小农户和大市场，并帮助弱势的小农户。但"统"的层面一直没有找到十分有效的制度安排，"统"的创新成为多年以来农村改革的软肋。

目前主流思路是在"统"的层次上，脱开原来加强集体经济的单一思路，转而构建多元主体参与的农业社会化服务体系，同时在"分"的层次上通过土地流转扩大农户经营规模。但首先应该明白，因为人地关系和城镇化的较长发展过程，多数小农户无法达到技术效率上的适度土地经营规模，小农户在长时期内都将是小农户。他们提供主要的大宗农产品，也占农村人口多数。"统"的层次必须为他们所设立，其目标除了国家关注的粮食安全，也必须兼顾提高小农户收入和社会福利。上述主流思路，本应能服务小农户，但是，遗憾的是，照此思路，小农户仍然在被遗忘，"统"的层次自身也无法最终发展壮大，或者说，即使能够发展也不能完全执行"统"的功能，而"统"和"分"的小农户之间也无法有效结合。

上述思路存在的主要问题是：第一，多数农户规模小，支付不起服务组织给出的价格，使得服务体系整体利润有限，不足以自我壮大。第二，服务体系内设定了多元化的组织共同发展，组织之间必然产生竞争，在整体利润少的压力下，就只会趋向于对少数大农户进行服务，多数小农户则无法得到充分服务。第三，由于小农户无法得到充分服务，从外部推动土地流转扩大经营规模最终也只会推动有条件的大农户得到成长，多数小农户无法发展为适度规模农户。第四，多数小农户在这样的服务体系下，无法分享服务环节利润，种地收入就永远不会超过外出打工收入，谁来务农的问题就会一直悬而未决。上述这些问题的症结在于服务体系和小农户之间是分立和相互矛盾的。

主流思路可以概括为，在"统""分"两个层面分别构建，幻想通过农户和服务体系之间的市场关系来实现统分结合。应该说，目前十八届三中全会有关新型农业经营体系构建的思路仍然没有完全避免上述思路存在的问题。这一思路执行的直接结果只能是农业社会化服务体系和国家财政支农体系两张皮，两方面都做不好，甚至相互抵触。更深层的后果是多数小农户永远处在经济和社会弱势的地位，任由国家财政支农体系低水平补贴和社会化服务体系盘剥。

没有以小农户为主体、服务于小农户、利润归小农户的农民综合合作体系，社会化服务体系就只会是与小农户分立的力量，"统""分"结合的格局和目标将永远无法实现。

二 理论依据：农村市场化的应有限度和农户综合合作

我们再从理论上分析上述思路不能成立的原因，从而揭示农民综合合作体系的构成要素。

1. 市场化的农业社会化服务体系只会嫌贫爱富、远离小农户，合作体系各主体之间既要有市场关系，也要有协同关系

农业社会化服务体系要面临的农业经营主体，多数是小农户，而且生产多数大宗农产品。在市场化条件下，多元化服务主体之间必然展开充分市场竞争，以实现服务主体的足够利润。因为，有能力购买社会化服务的，只能是大户（其中很多是家庭农场）、合作社和涉农企业。而小农户剩余利润很少，没有足够资金去购买社会化服务。

也就是说，市场化条件下，社会化服务体系必然不能覆盖小农户。社会化服务体系只能对新型农业经营主体提供服务，而传统的小农户则会日益被边缘化。社会化服务体系对于多数小农户而言成为不可企及的奢侈品，面对高价服务，小农户只能量力而行，购买必需的那部分。这也限制了小农户经营实力和收入的提高。如

果实在受制于生活成本增加和现金短缺，就会选择抛荒或被迫受雇。

即使不对小农服务，由于当前农村大户、专业合作社，甚至涉农企业生产规模并不足够大，因此，服务环节利润并不足以支撑起服务主体的规模经济。可以肯定，农业社会化服务体系的主体的实力不会太强。中国大陆的家庭农场平均规模为100—200亩，大致相当于现在日本、韩国、中国台湾的普通农户。专业合作社也普遍存在小、弱、散的毛病。而涉农企业，除了涉足经济作物，多数也在农户弱小的既定结构下，通过家庭农场、基地、合作社和农户衔接，利用不平等的市场价格地位谋取服务环节利润。服务体系通过市场关系和这样参差不齐的经营主体结构对接，交易成本不菲，一方面很难有长远经营思想，另一方面只会尽量多赚利润，不可能帮助农民占领服务环节，或分享服务环节利润。这种社会化服务体系中的各种服务主体，也不可能充分专业化，因为不能找到足够数量的标准化的农户，也受制于市场范围，不可能达到充分规模。而各类服务主体之间不可能发展成有机的体系，也就必然在一定区域内出现对农户服务的真空。

由于社会化服务体系无法有效服务小农，我们要实现的粮食安全、农民增收和现代农业目标，就只能紧巴巴地"实现"。上述的社会化服务体系成长空间有限和远离小农户是社会化服务体系主要依靠产权分立的多元主体的充分市场竞争必然导致的结果。要使小农户可以对接社会化服务体系，只有通过合作制组织小农。

2. 通过专业合作方式带动小农户对接社会化服务体系作用有限，合作内容是综合合作才有规模优势

分散小农户为了避免市场风险和自然风险、增加收入，必然兼业，在消费时代，甚至户内的打工和务农分业也是一种避险措施。看到小农无力购买市场化的涉农服务，我们开始通过成立专业合作社帮助农户。一方面，由专业合作社提供一部分服务；另一方面，通过专业合作社的规模优势提高市场议价能力，压低市场服务价格。

但是，兼业小农户的基础使得专业农户数量有限，专业合作社可供吸纳的专业农户数量有限。兼业小农为了获得优惠服务价格，选择加入各类专业合作社也会受到约束，就是麻烦程度上升和交易成本增加。故而，强调合作社的专业性只能便利专业农户，大大压缩了兼业小农获得服务的空间。

随着形势发展，专业合作社的种类日益增加，从特

色农产品技术服务和市场购销，到资金互助合作，再到农机等技术服务，最后到土地股份合作。但是，如果这些合作内容要各自强调其专业性，除了服务农户数量受限外，也会抑制合作社的发展，最终无法实现规模优势。

道理很简单，技术方面的分工和服务离不开资金支持，资金互助合作必须要有产品和产业支撑，农机服务也期望土地连片，土地股份合作也要有高附加值农产品。农民合作从来就不是专业性的，农民只有综合合作才能最终具有规模优势。对于多数农户是所持土地和资金数量有限的中国农民来说，其合作方式就更是如此。

但是，这并不意味着小农户农业不需要社会化服务体系。从资金上，由于小农户农业依赖户内半工半耕的收入结构购买有限的农业服务，使得农民工降低了市民化的能力；小农户的有限社会化服务需求被满足，也决定了不可能获得服务环节利润，规模就始终弱小。中国小农户需要的社会化服务体系必须是使小农户可以分享社会化服务体系利润的具有规模优势的服务体系。

通过综合合作实现规模优势的方式，理想的方法可以概括为两种：第一种是在特定地域内通过使所有农户加入合作社，满足所有农户的所有涉农服务需求，产生规模优势；第二种是在某一专业服务领域，通过使尽量广大的地域内的所有兼业农户都加入合作，从而构造规模优势，这也就是所谓"纵横联合"。在这两种方式中，日本、韩国、中国台湾的地域性质的综合农协模式和欧美的专业服务领域的专业合作社模式，都已经提供了成型的合作制规则。如果我们结合这两种模式的优势，综合合作的优势就可以得到充分发挥。

在实践中，我们已经看到在县、乡层次上的农民专业合作社的联合，甚至看到全市、全省的农民专业合作社联合组织，但是囿于合作社的专业属性，都不可能做到综合合作。没有综合合作体系，就不可能达成对小农服务的全覆盖，也不可能具有合理的规模优势。

3. 合作体系的社员不必是土地规模经营农户，有了生产环节之外的充分合作也能扩大家庭经营规模

基于构建新型农业经营体系、完善统分结合的总体目标，我们对小农户这一最多的经营主体，对于统分结合中的"分"，一直在政策语言上强调有加。但是，对农户最大的支持不是给予直接补贴，也不是强调其承包经营权不容侵犯，而是要让他们能够分享整个涉农环节的利润。首先要使涉农环节利润留在农村，其次要使其能留给农户。这样说来，合作体系的社员并不必然是实体规模经营的农

户，合作体系的最大功能不是组织生产协作，而是进行生产环节之外的服务环节的合作，并通过合作社的分配机制将利润分配给小农户。有了合理的分配，小农户的经营规模照样在生产环节的外部实现了扩大。

4. 在"三位一体"合作体系内部可以实现"统""分"结合

需要明确的问题是，"统""分"到底通过什么方式结合。要使家庭经营层次提升水平和统一经营有效提供服务的转变同时发生，就要创立这种共生转变的体制。这种共生转变的本质就是促使"统""分"两个层次相互推动，促进农户经济的组织化。在中国，不容逃避的一种思路是实行一种以农户为主体、让农户自己为自己服务的合作组织模式。在这种合作组织中，首先要确保绝大多数中小农户要进入，而且不仅要在生产环节和技术服务环节进行合作，而且要在流通、金融等农业产业全链条上进行合作。只有将足够数量的小农户按照合作制原则组织起来，才会形成一定区域内足量的服务需求，扩大服务体系利润，小农因为组织化优势和合作制原则可以分享服务环节利润，使得小农户可以逐步成长，确保可以获得社会平均收入。

在这样的"三位一体"的合作体系内部统分自然

结合。农业经营的统分结合应该采用内生力量之间的结合，应该采用组织内部的结合。这样才能最大限度节约交易成本。而且，统分层次的联合，离不开国家创设的制度环境。不能简单地、天真地幻想，农户自我的发展和联合就会自动对接统的层次。

也就是说，当前在分和统两个层次上的工作，应该是以统带分，最终实现统分层次的有机结合。组织体制应该采用"三位一体"的农民合作体系。

◇◇ 第三节　农民合作化的正确路径是"三位一体"

一　满足兼业小农综合需求需要建立多层次综合合作体系

和发展专业合作社的思路不同，合作社的主要形式应该是社区综合合作组织。但是，社区综合合作组织仍然无法解决合作剩余利润少的问题。可以想见，单一层次的社区综合合作组织对于社区内的兼业小农的综合需求来讲，仍然没有实力充分满足。社区综合合作组织应具备的综合功能应该有一个纵向的支持体系，也就是说，要靠社区外的实力更强的组织对其进行支持。这一纵向的支持体系应该支持社区综合合作组织开展多种功能的合作业务，满足兼业农户综合需求。我们说的多层次，首先是指这一纵向支持体系和基层的以社区综合合作组织形式为主、专业合作组织形式为辅的农民合作社的不同层次，上一级层次为下一个层次提供服务。其次，多层次的意思是指在这一由纵向支持体系和基层合作社构成的合作体系中的合作内容是多样化的，起码应该包括生产合作、购销合作、信用合作、教育合作乃至文化合作。由此，构成一个多层次的综合合作体系。依托这一多层次的综合合作体系，才能充分产生合作剩余，也才能真正满足其综合需求。

多层次的综合合作的现实组织形式，应该能够提供兼业小农所需要的生产技术、生产资料和产品购销、信贷等多种服务，兼业小农在获得这些服务之后，可以在一个市场化农业和市场经济中取得社会平均利润，即这一组织是一个市场主体，和其他经济主体发展市场交换关系，这种交换关系是平等的；这一组织形式是一种兼业小农为主要成员，既作为合作组织服务的使用者，又作为合作组织的所有者，对合作组织的生产经营和利润分配具有控制权，即贯彻合作制原则的形式；这一组织形式中各种服务事业应该能持续运转，为此，需要在营利性服务和非营利服务之间形成组织内部的利润转移，即这一组织采用类似企业的内部要素组合安排，而不在各种服务事业之间形成市场关系。

基于多层次综合合作的内容是涉农服务事业，而农业具有弱质产业特点，因此需要政府给予扶持，也就是说，政府对于多层次综合合作组织可能出现的利润不足应提前给予补贴。这种补贴可以采取财政直接支持方式，也可以采用给予某种事业在农村地区乃至全国的特许经营权。也就是说，在多层次综合合作体系和国家关系上要有一种特别制度安排。

二 农户综合合作体系要解决的基本问题

发展综合性农村合作体系，需要解决当前发展农民专业合作社为主的思路暴露出来的三个突出问题：一是解决现有的专业合作社由于部门和资本对其限制和利用而致的合作收益低的问题；二是解决现有的有一定合作收益的专业合作社覆盖范围有限，不足以惠及大多数农户的问题；三是国家发展合作社的财政支持，因依赖部门操作而产生的高额代理成本和效率损失。

其中，第一个问题是核心问题，如果发展综合性农民合作体系能够解决部门和资本下乡导致的合作社发展的困境（农民自主合作空间不足，隔绝和扭曲国家的合作社扶持政策），后两个问题即随之迎刃而解。

也就是说，笔者的观点和理论界讨论农民合作的主流观点不同。笔者认为，中国发展农民合作组织的核心问题不是农民合作意识、合作文化乃至合作能力的问题，也不是一般性的法律和制度供给不足的问题，更不是缺少财政支持的问题，真正的核心问题是如何破除涉农部门和下乡资本对小农的优势地位问题。

三 农民合作的主导形式是各级综合性合作组织

1. 兼业小农的合作组织首先是提供综合服务功能的社区合作经济组织

中国兼业小农的需求是多方面的，农户组织化对应的应该是这些需求得到更加充分的满足。目前的讨论主要针对小农提高收入的需要，其实，小农的生存方式、文化伦理决定了小农还有获得社区福利和社会保障以降低风险的需要，以及社区交往以获得生活意义的需要。以上三个方面的需要，靠农民个体家庭、宗族乃至国家都是难以充分满足的。农民合作经济组织如能回应这三个方面的需求，就会有最终的生命力。

　　合作经济组织的成立一方面要有持续的合作剩余，另一方面要能支付足够的管理成本。而兼业小农的生产剩余很少，所以，其合作起来的合作剩余也不多，再加上对合作后内生交易成本增加的担心，这些往往无法满足现实的合作要求。而内生交易成本的支付如果依靠不多的合作剩余支付，合作就会更加难以为继。因此，兼业小农组成的合作社更应该依靠农户自身和社区富余的社会资本，避免采用市场化的支付和科层化的管理方式，以节约内生交易成本。因此，以社区为边界、提供综合服务功能的合作经济组织应该成为兼业小农的合作经济的首选方式。

　　现实中，村庄土地实行集体所有制，提供了最大的一笔潜在合作资产，在使这一生产要素成为合作社资产上不会产生更多交易成本。而在社区内部，产生管理人员的甄别和遴选成本也比较低，这都会减少社区综合性合作社成立的成本。

　　2. 专业合作社的发展不足以满足兼业小农的综合需求

　　专业合作社并不能满足兼业小农的需求，这就决定了多数兼业小农很难进入专业合作社，或者是加入了也只能居于边缘地位。只有少数的专业农户能够享受到专业合作社带来的好处。中国目前的农村土地制度和农户经营规模决定了专业农户还是农户中的少数，被专业化了的更多只是兼业农户内部的农业劳动力。因此，中国农民合作社发展的任务是使得专业的务农劳动力能够加入合作社。务农劳动力的产品数量不是单一的，需要的生产经营服务也是涵盖生产技术、生产资料购买、产品销售、产品加工、信贷等多个方面的，如果合作社是以劳动者身份加入的组织，可以想到，这个组织应该能提供综合性的服务。而专业合作社将只能满足少数专业化生产的专业农户的需要。

根据上述分析可知，中国的农民合作社在农村基层应该是以社区综合合作经济组织为主要载体，辅之以覆盖农户有限的专业合作社。但是，专业合作社的规模不受限制，在总体实力和单个实力上在一定区域内完全可以超过社区合作社。

四　发展农民综合合作需要政府主导和以农民为主体

1. 部门和资本下乡只会有限度地扶持和异化专业合作社

部门下乡和资本下乡后，农村经济舞台上的主导者是部门和资本，他们追求各自利益的行为虽然使其发展农民合作社，但是，也只会扶植发展专业合作社。

各部门的资源和某种专门服务有关，如农业局，资源多是农业生产技术的，科技局主要也是科技的，供销社主要是生产资料和农产品购销渠道，农村信用社主要是信贷方面。由这些部门去发展农民合作经济组织，农业局和科技局会支持生产合作社，供销社支持购销合作社，信用社支持信用合作社。如果支持其发展综合功能，会增加部门扶持成本，而收益却和部门利益不能完全对接。

资本尤其是城市资本的专业化程度本身很高，只会支持农户组建和某种专门农产品有关的合作社。一些资本确实会通过村级组织或其支持的合作社为农户额外提供道路、防疫等村庄公共品，但是其提供的数量只够满足其顺利地和农户结合。

《合作社法》通过之前和之后，农村的合作社多数是专业合作社，与部门下乡和资本下乡的现状分不开，而这些专业合作社大多数又属于不规范的合作社，也与部门和资本追求其自身利益分不开。

发展专业合作社和强化部门和资本下乡的优势是相辅相成的。如果仅仅强调发展专业合作社，只有部门和资本才有指导和扶助之力，它们自然是主要的依靠力量，但是，政府没有对部门很好的监督和训导能力，资本也不受弱势小农的监督，部门和资本的结合更是不容易为政府和农民追究。如果我们发展合作社的努力，仅仅是发展专业合作社，那么无论是官办还是民办无疑都不会冲击部门主导和资本主导的格局，甚至会加强部门主导和资本主导。

2. 发展社区综合性合作组织需要政府扶持

温铁军（1994）曾经指出，如果政府真想让农民发展合作组织，就应该让农民的合作组织能够免税地进入有利润的涉农领域，比如金融、保险、水利、供销、批发、农机等。这是一种去除部门对涉农产业利润分割的治本之道。但是，如果这里的合作组织仅是专业合作组织的话，就不会有这样的格局。

不论是《合作社法》通过之前还是之后，所谓的"政府主导"发展合作社不都沦为部门主导了吗？在部门没有足够财力或能力时，不都借助资本之力从而便利了资本对合作社优势的确立吗？政府由部门组成，从理论上说，政府主导不一定必然沦为部门主导。之所以出现部门主导是因为农民合作经济组织发展的目标模式不清，而对似是而非的专业合作社的扶持也没有真正整合部门资源，仍然想利用各部门下达有限的资源，并幻想通过各部门对政绩的竞争放大有限资源的效果。

第 九 章

农业社会化服务体系以
服务农户为本

农业社会化服务体系是农业经营体系的重要组成部分。从 2008 年十七届三中全会至今，随着构建新型农业经营体系的目标越来越清晰，决策部门对农业社会化服务体系在农村改革和农业发展中的战略地位，结合农业发展面对的新问题，已经认识到位，对这一体系的基本特征做出了界定，对这一体系应该包含的各类主体和机制有了基本认识。但不意味着我们对新形势下如何进一步构建农业社会化服务体系就有了深入认识。农业社会化服务，是指由社会上各类服务机构为农业生产提供的产前、产中和产后全过程综合配套服务（黄守宏，2008），对此内容学界没有异议。对于农业社会化服务体系要有多元主体，政策部门和学界也已经有了相当程度的共识（宋洪远，2010；关锐捷，2012）。但并不是要简单承认现状，对各类服务机构一视同仁地加以重视，也不是要按照一种办法去发展各类服务，我们要做的是让上述的服务机构和服务进入"农业社会化服务体系"从而健全这一体系，要使得现有各类服务机构按照真正有利于农业和农村全面发展的方式来提供服务。因此，农村改革的顶层设计需要确立农业社会化服务体系的构建策略。要认识到，在"农业社会化服务体系"中，不是所有的服务机构都要由政府政策来推动发展，也不是所有的服务方式都要得到政府政策的鼓励，现实当中的单个或某些类型服务机构的发展甚至可能会对农业整体发展和农村全面进步起到负面作用。为了能够辨清哪些服务机构和哪些服务在我们要健全的体系中受到鼓励，必须明确这一体系的主要服务对象是谁，为什么要以这些服务对象为主，也需要确立为了给这些服务对象提供服务，哪些服务方式、哪些服务内容是这些服务对象真正需要的。只有明确这些，才能确定要鼓励哪些机构、促进哪些服务的供给，而且，还要根据这些，确定怎样鼓励这些机构和服务的发展。这是本章要阐述的问题和基本着眼点。

本章论述的是农业社会化服务体系要以服务农户

为本，并据此提出推进这项重大改革决策落地的现实策略，以进一步深化发展新型农业经营主体的政策。这一策略的科学制定直接关乎农业社会化服务机构和各类服务内容的布局，也关系到多种农业经营主体之间能否建立和谐互补关系，还关系到广大农户的长远发展空间。

◇ 第一节　既有研究忽视服务组织与农户关系

虽然对农业社会化服务体系的研究伴随实践的发展取得了相当数量的成果，但对研究现状已经有学者表达出不满（龙书芹，2009；楼栋、仝志辉，2014）。与本章在前面提出的问题有关，本节主要对有关农业社会化服务体系的内涵和农业社会化服务或组织的分类及其分类别的发展政策的研究进行评述。

对农业社会化服务体系的内涵，学者提出了以下几个代表性观点。孔祥智等（2009）认为，农业社会化服务体系有两层基本含义，第一层是服务的社会化，第二层是组织的系统性，服务的社会化指农业生产的服务依赖于生产部门之外的部门提供，组织的系统性指不同服务组织有机结合，为农业提供综合配套的服务。李春海（2011）指出，作为农业生产力水平发展到一定阶段的必然产物，农业社会化服务体系是指为农业生产提供社会化服务的成套的组织机构和方法制度的总称。龚继红（2011）在其博士论文中将农业社会化服务体系定义为现代农业内涵的一部分，它是因农业产业内分工和外部关联而产生的专业化、市场化和社会化的生产和非生产性服务。孔祥智等（2012）将农业社会化服务体系具体化，认为农业社会化服务体系是指在家庭承包经营的基础上，为农业产前、产中、产后各个环节提供服务的各类机构和个人所形成的网络，其具体服务内容十分宽泛，包括物资供应、生产服务、技术服务、信息服务、金融服务、保险服务，以及农产品的包装、运输、加工、贮藏、销售等各个方面。综合上述研究，学者对于农业社会化服务体系与农户、生产部门、现代农业等的关系已经有了相当深入的认识，但是他们基本上认为农业社会化服务体系是外在于农户和生产过程的。"社会化"一词典型地反映了学者的看法，农户（或农业生产者）生产劳动环节之外的其他环节被归于社会化，社会是相对于生产部门的边界而言，"社会化"兼有着生产部门边界之外和家庭经营边界之外的含义，只要在这两者边界之外的，就和生产部门和家庭经营构成一种"服务"关系，而只要农户或生产者被服务，似乎就一定有利于农户或生产者。

以上这些对农业社会化服务体系内涵的研究支撑了学者对体系内部的组织分类的研究。对农业社会化服务组织的类别，学者们提出了以下几种分类标准，第一种是按照是公益性还是营利性来分类，分为公益性、营利性、非营利性三类农业社会化服务机构（宋洪远，2010）；第二种是按照服务内容分类，将服务组织分为流通、科技、金融等各类服务机构（仝志辉，2007）；第三种是按照供给主体进行分类，分为政府部门主导、教育科研部门依托、龙头企业依托和农民合作组织依托（杨凤书等，2011）。提出这些分类的基本目的是根据各种类别的特点实行有区别的发展政策。但目前分类研究存在的问题是，没有结合特定区域、特定的服务对象进行分类研究，使得分类更多是逻辑上的，部分结合事实的分类也只是立足于现有的服务机构进行分类，而并不结合具体的服务对象进行分类。客观地说，这种分类研究在潜意识里表现了一种政府本位意识和管理本位意识，受到了现有服务机构分类及其作用的视野限制，无法真正发现服务对象的需求及其对服务机构的要求。在潜意识里，学者们已经认为，不同类别的组织提供的服务是有区别的，根据不同的类别就可以制定不同的发展政策。这也使得基于这种分类研究提出的对不同类别服务机构有区别的发展政策，还是仅仅立足于服务机构自身发展的需要，而对于发展社会化服务体系来说，服务机构和服务对象的相互关系才是根本性的，基于服务对象需求，各服务机构的相互关系也是极为重要的。

以这些研究为依托，就形成了 2014 年一号文件中所说的"健全农业社会化服务体系"① 中的五句话。这五句话各有侧重。其中第一句和后面三句，体现出分类发展的思路，涉及针对具体的组织或服务的发展政策，即公共服务机构、经营性服务组织从事农业公益性服务，乡村内部的社会化服务组织，以及气象服务等的发

① 这五句话是："鼓励发展专业合作、股份合作等多种形式的农民合作社，引导规范运行，着力加强能力建设。允许财政项目资金直接投向符合条件的合作社，允许财政补助形成的资产转交合作社持有和管护，有关部门要建立规范透明的管理制度。推进财政支持农民合作社创新试点，引导发展农民专业合作社联合社。按照自愿原则开展家庭农场登记。鼓励发展混合所有制农业产业化龙头企业，推动集群发展，密切与农户、农民合作社的利益联结关系。在国家年度建设用地指标中单列一定比例专门用于新型农业经营主体建设配套辅助设施。鼓励地方政府和民间出资设立融资性担保公司，为新型农业经营主体提供贷款担保服务。加大对新型职业农民和新型农业经营主体领办人的教育培训力度。落实和完善相关税收优惠政策，支持农民合作社发展农产品加工流通。"参见《关于全面深化农村改革加快推进农业现代化的若干意见》，中共中央、国务院 2014 年 1 月 19 日印发。

展政策，在此不予评论。第二句涉及健全农业社会化服务体系的关键策略，值得重视。这一句说："采取财政扶持、税费优惠、信贷支持等措施，大力发展主体多元、形式多样、竞争充分的社会化服务，推行合作式、订单式、托管式等服务模式，扩大农业生产全程社会化服务试点范围。"对如何推行农业生产全程社会化服务，国家还通过国家农业综合改革试验区等形式进行试点，但是对于提供服务的原则，在这里的政策表述中似乎已经确定无疑，那就是所谓"主体多元、形式多样、竞争充分"。我们需要问：不同主体、不同形式的服务组织都要发展，考虑到它们同农户的不同关系了吗？同农户是纯粹市场交易关系的服务机构，仅仅促进其发展就能保证农民获得优质低价的服务吗？这些服务组织通过充分竞争就能竞争出一个社会化服务体系吗？如果成为体系，体系是用什么样的方式保证做到"覆盖全程、综合配套、便捷高效"的服务供给的呢？我们上述质疑的根本点在于，对农业社会化服务的分类研究应该同时关注它们共同的服务对象的需求，应该同时关注由于这种需求所决定的不同类别对农户服务内容和机构之间的相互关系。

◇ 第二节　以农户为主要服务对象对于农业
服务体系提出的基本要求

关锐捷等（2012）曾经指出，中国农业社会化服务体系经过多年来发展不断完善，组织载体"多层次"、服务内容"多元化"、服务机制"多形式"的格局基本形成，但是农业社会化服务组织不健全、服务内容与农民的需求差距大、生产要素配置不合理等问题仍然存在。这说明，多种类别、形式、层次的服务主体并不能确保满足农民需求。对出现问题的原因，他们的研究也有提及：就全国而言，农业社会化服务体系建设工作的整体推动尚处于起步阶段，认识差异较大，缺乏统筹设计安排，缺乏完整工作思路，缺乏必要工作手段，缺乏专项财政支持，总体发展水平比较低、体系建设不完善、服务能力相对弱等问题普遍存在。当前，虽然在十八大之后中央部署更加明确，但是，对于具体如何构建农业社会化服务体系仍然需要非常有针对性的研究。其中最为重要的就是要把农业社会化服务体系的服务对象定位清楚。这在中国农业经营主体已经多元化、社会化服务组织已经多元化的当下尤为重要。

在中国多种农业经营主体中，占大多数的仍然是从事家庭经营的农户。2014 年以后，中国发展农业经营主体的政策虽然逐步明确了以农户适度规模经营的家庭农场为重点，但是，相关政策的多面性、各方解读的随意性决定了在地方政府实际执行过程中并不能被真正突出。历史经验和现实情况表明，农户家庭经营可以最大限度地适应农业的生物性特征，更好安排劳动力，通过集约和多样化劳动充分实现土地生产力，也能保证生态可持续农业模式。家庭经营是有中国特色农业现代化道路的根本特征之一。家庭经营不仅仅是作为共同发展的诸多农业经营模式之一，而且应该作为中国农业主流的经营模式。因此，我们应该确立基本的共识，即农业社会化服务体系服务的主要对象应该是农户，并根据这一根本特征来思考农业社会化服务体系构建的基本要求。

1. 必须同步促进现代农业发展和农民收入提高

中国要发展的现代农业不能脱离农户而存在。2014年中央一号文件在多年探索的基础上，提出我们要走出一条生产技术先进、经营规模适度、市场竞争力强、生态环境可持续的中国特色新型农业现代化道路。这一表述暗含了对我们要发展的现代农业的理解。现代农业不是越大越好，其中的经营主体是经营规模适度的。规模适度的经营者主要是一般小农户、种粮大户和家庭农场。

农业社会化服务要能做到以农户为主要服务对象，必须保证从事农业的农民能从中获益。最基本的表现就是农民收入必须和农业发展同步得到提升。农民收入得不到提高，农民没有生产积极性，现代农业就无法发展。农业社会化服务体系在推动现代农业发展中，如果不能有效增加农民收入，最终也会失去服务对象对其的认可。换言之，现代农业与职业农民必须同步成长，农业问题的解决和农民问题的解决必须同步完成，在这一过程中，农业社会化服务体系的科学构建起着至关重要的作用。

2. 要有能力对农户提供综合性服务

将农业社会化服务的服务对象确立为以农户为主，对于服务组织和服务体系的构建就提出了相应的要求。第一，服务组织和服务体系必须能够提供综合性服务。因为农户的农产品总体数量有限，但品种较多，因此，所需要的服务涉及农资购买、产品销售、技术服务、金融服务，具有综合性，单是对一个农户的技术服务可能就涉及几种农产品，这就使得服务组织的专业化程度需要把握一定的限度，如果过分专业化，农户可能会因为服务价格过高且自身所需专门服务数量太小而放弃购买，专业化程度过高的服务组织也会因为没有足够数量的农户购买而不能达到规模经济。由于提供综合性服务的成本较高，因此来自国家的扶持和服务组织体系构建上的成本分摊机制就是必须考虑的问题，这将会带来组织体系构造上更具体的一些特殊要求。

3. 公益性服务与经营性服务要能相互支撑

小农户和适度经营规模农户总体来讲生产剩余不多，不具备购买多种服务的全部能力。这是当前农户所获服务水平不高和其来自农业收入水平不高的主要原因。因此，农业社会化服务必须具备公益性，才能满足农户需要、提升农户经营农业的水平。从某些单个的服务来说，其公益性更为明显，如农业气象服务、农产品质量检疫服务、农业技术推广服务等。作为服务对象主体的农户具有产出有限、数量众多的特点，决定了农业社会化服务具有公益性。但是要对巨量农户持续提供服务，社会化服务组织又必须能够持续具有提供服务的能力，必须要能自我维持有效经营。这是发展农业社会化服务体系的难点所在。解决之道是通过发展营利性服务和亏损性服务互补的组织体系，实现服务的整体公益性。

农业生产全程服务的各个环节都需要有组织提供，但是并不是每个环节都有经营收益。发展思路不应是简单地把赚钱的环节交给市场，把不赚钱的环节交给政府。而是要使某些公益性服务和经营性服务相互支撑，用经营性服务的利润来支撑公益性服务；更重要的是，要善于利用整体的服务体系的纵向支持和横向互补来做到高效服务，用以支撑农户的持续经营和对服务的持续购买。

◇◇ 第三节　构建农业社会化服务体系要以农民合作组织为基本主体

明确农户为主要服务对象是讨论农业社会化服务体系发展的首要前提。在这一前提下，我们才能继续讨论，哪些是需要真正鼓励发展的农业社会化服务组织，根据农户需要，它们应该具有哪些功能。明确要将农业社会化服务组织建成一个体系是讨论农业社会化服务体系的第二个前提。重点需要发展的服务组织和其他组织需要在一个促进体系成长的政策框架下，尽快实现功能互补和协同，以早日为农民提供可持续的综合性服务。

一　为什么要以农民合作组织作为基本主体

立足于服务农户为主和形成体系的要求，发展农业社会化服务体系中的首要战略选择就是，要在发展各类服务组织中，选择以农民合作组织作为主导的组织形式。农民合作组织是可以达成服务农户、结成体系的农业社会化服务的最佳组织类型。

当前，对于各类农业社会化服务和服务主体，都有一些促进政策，但是，它们基本上没有注意到服务收益的归属。人们惯常的理解是，服务组织的作用是，提供数量充分、质量过关的服务以使农户专心种地。政府有关部门的努力只是在于促进服务组织的数量和服务数量的增加。但是，服务环节往往是农业全产业链条中收益能力最强的环节。如果农户仅仅是获得服务，而无法从服务环节利润中获取收益，其收入来源就只能被限制在生产环节，收入水平必然不高，就必然出现农业生产劳动时间的减少和农业劳动质量的下降。通过加强农业社会化服务而增加农产品供给的目标就会落空。在仅仅推动服务增加却不涉及重新分配服务利润的政策思路下，解决农产品供给的办法就只能剩下通过扩大单个农户的农地经营规模以成倍扩大其来自生产环节的收入。农地经营规模扩大带来的生产环节收入的增加只能惠及数量有限的规模种植农户，对多数农户来说，同经营服务环节的收入优势相比，其生产环节收入的增长只会相当缓慢，即使对于规模种植农户，如果其不能分享经营服务环节利润，也就不能保持持续经营。

在发展农业社会化服务的政策不涉及服务环节利润归属的情况下，如果农业社会化服务的投资主体是非农户的城市资本和产业资本，就可能固化城乡之间，涉农第二、第三产业和农产品种植业之间的收入差距，延续过去涉农全产业链农户收入比例低的格局，使得农业生产始终后续乏力。更为吊诡的是，如果农户收入中来自农业生产和涉农服务的收入无法增长，农户就没有对涉农服务的持续支付能力，最终服务组织也无法发展壮大和持续经营。

不考虑让农户分享农业社会化服务的利润，就无法最终发展起农业社会化服务体系。因为这种制度下的农业社会化服务组织的发展始终是在赚农民的钱，同农民收入增长之间存在根本的对立关系。只有通过制度创新设定合理的农业社会化服务环节的利润分享模式，才能使发展农业社会化服务和增加农户收入相得益彰，推动农产品供给、农业社会化服务水平和农户收入的同步增长。

二　限制"资本下乡"

现有的制度安排中，有无可能获得与上述的同步增长呢？通过农民合作组织提供服务就可以获得同步增长。如果将发展农业社会化服务组织的主导形式确定为农户共有所有权、共享服务的合作社，农户就可以因为是提供农业服务的合作社的所有者和利用者，而共同分享服务环节利润。农户对于服务收益的分享，是通过合作组织成员身份、在特定服务项目中入股以及使用特定服务项目来获得的，基本形式是股份分红和基于服务交易量的利润返还。这将推动农户成为有效率的生产者，同时也从生产效率提高和服务需求扩大，进而带来服务供给扩大而增加收入。农民合作组织提供服务可以使得服务水平提高和农户收入增加二者实现良性互动，进而实现同步增长。

虽然农户生产规模小，但其数量多，如果利用合作制原则组建农业社会化服务组织，就可以集众多的小农户而成为经营规模可观的服务主体，使农户同时成为服务经营的所有者和服务经营的惠顾者。因此，农业社会化服务组织的成长就获得了来自农户自身的持久动力，从而推动农业社会化服务组织不断成长壮大。合作制的农业社会化服务组织本身就是农户自己的组织，它的成长壮大也就是农户的成长壮大，农业社会化服务组织的发展就从根本上起到了服务农户的作用，农业社会化服务组织和农户成为利益统一体。

当前，我们面临着农业社会化服务体系发展的两条道路，一条是资本主导，另一条是农民合作组织主导。要权衡利弊，果断选择扶持以农民合作组织发展为主导的道路。以农民合作组织发展为主导建立农业社会化服务体系，可以确保现代农业和农民收入目标同步实现。

◇ 第四节　当前需要重点发展的几类农业社会化服务组织

立足于服务农户和形成体系的要求，我们要重点发展五类服务组织。这几类组织在县域或更大区域里可以成为联结多种服务功能和服务组织的关节点，具有引领社会化服务体系成长的带动作用，可以推动一定区域内社会化服务体系的形成。它们是具有先导或凝结作用的社会化服务组织。

一　集体土地股份合作制组织

在土地流转中，单纯采取向农民支付租金的方式有碍于激发农民参与合作组织的积极性，不利于合作组织的发展。因此，发展土地合作组织的关键在于要使农民不仅能从土地流转当中获得固定的租金收益，而且将农民所拥有的土地以入股的形式参与到合作组织当中获取土地经营的收益。土地股份合作组织的形式多种多样，组织形式的共同特征是按照股份制和合作制的原则，把农民的土地承包经营权转化为股权，委托合作社经营，其遵循的分配机制都是使农民同时获得"土地固定收益"和"土地经营收益分红"。基于中国土地制度的特殊性以及城乡分割的二元结构约束，随着人口的不断增长，土地不仅是最基本的生产资料，而更重要的是其发挥着社会保障的功能。于是土地股份合作组织既维护土地的社会保障功能，又大大增加农民基于土地的财产性收入，免去了农民入股的后顾之忧，提高了农民以土地承包经营权入股的积极性。在各种不同形式的土地股份合作组织形式中，应该加强建设以村集体土地为基础进行股份量化的土地股份合作组织，其原因在于这一方式能够体现农村集体所有权的实现方式。

在当前的政策环境下，对于土地股份合作制这种利益分配机制还没有相匹配的法律政策，使得土地股份合作组织得不到正确的定位，会影响土地股份合作社的正常运营与发展，应加快立法，明确土地股份合作社的法律地位，从而保障土地入股者的合法权益，提高农民土地入股的积极性。

二 对农户拥有经营权的农地提供托管服务的组织

当前在为农户提供农业生产服务方面，土地托管模式方兴未艾。土地托管服务，就是在"农户加入自愿、退出自由、服务自选"原则下，不改变集体土地所有制的性质，不改变土地承包关系及土地用途，由托管服务组织为农户提供从种到管、从技术服务到物资供应的全程服务。

土地托管组织近几年在四川、河北、山东、安徽等地方陆续出现。由于土地托管使得农户可以自主选择"全托"还是"半托"，给予农户相当程度的自由选择空间，因此，其托管农户的数量扩展都要快于给农户长期租金、由承租人完全经营的土地租赁模式。由于土地托管不涉及改变土地承包关系的具体实现形式，因此也比以土地承包经营权入股的农地股份合作制方式的转换成本低。而且现有政策对从事土地托管的经营主体的身份并没有特别的限制，从种粮大户、农资经营者、农机手到各类农业合作社都可以从事。因此，对从事农户经营服务的各种业务的政策支持措施逐步完备，土地托管组织将会加速发展。

三　集农资、生活资料购买和农产品销售于一身的农户购销合作组织

单个农户的生产、生活资料购买和农产品销售只能被动接受市场价格，但是如果农户组成合作社成为社员，或者成为具有合作制色彩的会员制购销组织的会员，就可以在相当程度上获得市场议价权，从而降低生产和生活成本，提高农产品销售利润。当前，各类以农户身份入股或以某类农产品种植面积或数量入股的合作社，在合作购销上发挥重要作用，对农户提供着基本服务。同时值得注意的是，一些由企业投资的农村超市开始以发行会员卡方式吸收农户入股，农户可以以股金分红方式分享农资、生活资料销售利润和农产品销售利润。社员制的农户合作社和会员制的农村超市，都可以对农户提供购销服务，其服务利润如能为农户分享，将

极大提高农户参与的积极性，并提高其服务质量。

四　具有粮食存储和借贷功能、便利粮食加工和销售的"粮食银行"

多数农户拥有的最基本的农产品是粮食，但农户售粮收入易受市场价格影响。农户为使手中粮食获得更高收入，一般采取惜售，但其并不能很好把握市场价格涨落，且惜售会增加储粮成本。可见，种粮农户有同时规避市场价格风险和节约储粮成本的需求。随着粮食生产逐步集约化和农户居住方式发生变化，这种需求越来越迫切。

最早在分田到户的改革之初，一些地方的粮食收储企业或加工企业为满足农户上述需求，代农储存粮食、代农加工粮食或把原粮兑换成商品粮及其他商品，即"两代一换"。"两代一换"内容逐步丰富和规范，就演变为"粮食银行"。"粮食银行"的一般做法是：储粮户（农民、粮食经营者、粮食加工企业、消费者、粮食储备商等）将暂时闲置的粮食存放于"粮食银行"，拥有粮食的所有权，而将其使用权以定期、活期等形式交付"粮食银行"，让后者经营（借贷或直接投资），如加工、贸易等，从而盘活粮食资源，在粮食的流动和周转中获得粮食的增值效益，这部分效益即为"粮食银行"的利润和储粮户的利息。"粮食银行"既可以由粮食加工企业和粮食储备商发起兴办，也可以由农户发起兴办。"粮食银行"主要服务农户（包含一般种植农户、种粮大户、家庭农场主），也同时向农民专业合作社、农民股份合作社、粮食经纪人和粮食加工企业等经营性实体提供服务。

当前，粮食银行的发展除了政府和金融监管当局不能充分承认其组织合法性和业务合法性，不能适时出台促进政策之外，就服务农户这一本质特征而言，主要问题在于还不能自觉按照合作制原则保证粮食银行收益可以为农户充分分享，因此使得农户将粮食交予粮食银行代为经营的动力不足。如果在一些地方已经开始实行的利润二次返还的基础上，将粮食银行改造成为农户以粮食或资金入股、农民凭股份和粮食交易量来分享利润的农民合作组织，则可逐步壮大现有粮食银行的实力并增强其促进农户增收的能力。

五 对社员提供金融服务的农户合作金融组织

对于以小农户占多数的农户群体，其金融服务需求具有自身特点，即量小、多样、分散。对其金融服务需求的满足，一个可行的做法是发展合作金融组织。当前发展农民合作金融组织，有两个方面的组织形式值得重视。一个是农村资金互助社，另一个是农民专业合作社中的资金互助部或信用互助部。农村资金互助社是指经银行业监督管理机构批准，由乡（镇）、行政村农民和农村小企业自愿入股组成，为社员提供存款、贷款、结算等业务的社区互助性银行业金融机构。

农民合作金融组织需要把握的核心原则是对内不对外。中央对发展农村合作金融提出了社员制、封闭性原则，以及不对外吸储放贷、不支付固定回报等原则。其核心可以概括为对内不对外。对内不对外，可以理解为只吸收资金互助社成员或合作社社员入股，只对资金互助社成员或合作社社员放贷，只对资金互助社成员或合作社社员分红。

以上各类组织发展的共同内容，是将农户手中可以利用的经济资源，如土地、资金、粮食，通过相对平等的入股原则，组成社员共有的合作股权，具备可以提供服务的实力，同时集聚农户普遍的服务需求，如农资、生活消费品和农产品的购销、土地托管、资金融通、粮食信托等，对社员提供优于市场供给的服务供给。这是一种立足农户自有资源、为农户提供服务的农业社会化服务组织。它的组织原则是合作制的，它的成长动力很大程度上可以由自身满足，从而决定了其发展可以持续。由于农户的服务需求又具有综合的特征，所以各类服务需求会相互促进，共同发展。

发展以上各类组织，基本上都有了一个初步的地方性政策环境。但是正如我们对各个组织的作用和现有政策中所分析的，它们具有的显著服务作用、引导自立农户的功能和它们得到的政策激励不相匹配（现有政策还不能对它们的发展提供良好支持），需要大幅度改进促进成长的政策。

◇◇ 第五节　促进农业社会化服务体系形成的政策结构

为早日使得先导性和支撑型的农业社会化服务组织得到成长，早日促成农业社会化服务体系的扩展性成长，早日使得农业社会化服务体系推动农户发展，我们需要在国家层面的宏观政策上未雨绸缪，既立足当前，又谋虑长远。除了采取针对性措施重点扶植以上几类农业社会化服务组织的成长，还要有立足于推动体系成长的相关政策，促使体系构建和其内部的自我扩展效应尽快显现。

一 积极发育农民合作社联合组织，适时修改农民《合作社法》

单个农民合作社在资金实力、技术服务、市场开拓、品牌建立和维护等方面势单力薄，有通过建立联合组织实现优势互补壮大实力的现实需求；地方政府在推动农民合作社规范发展、增强实力时也有借助合作社联合组织进行培训、引导的现实需要。一些农民合作社的联合组织因应这两种需求产生。

农民合作社联合组织可以为农民合作社的规范发展提供支持，也可以为成为组织成员的合作社的社员提供单个合作社所不能提供的服务。农民合作社联合组织既是一种农业社会化服务的有效形式，同时，还表征着一种低成本地构建农业社会化服务体系的路径。由同类的专业合作社联合而成的联合组织，可以为某些专门农产品和服务涉及的农户提供多种服务，是在单一或少数产品和服务上生长起来的综合服务。由特定区域内不同类型的专业合作社联合而成的联合组织，也可以在合作社管理能力培训、合作社产品营销、农户的农资和生活资料采购等方面加强服务，可针对特定区域农户来扩大服务类别和规模，形成综合服务。

要采取不拘一格、因地制宜的策略来推动农民合作社联合组织成长。第一，在形式上不求一致。它的形式既可以是社团性质的联合会，也可以作为合作社法人的一种特殊类型。第二，推动立法支持。在《合作社法》修改时，要尽快明确农民合作社联合组织的法律地位，同时出台促进政策，鼓励其健康发展。第三，要边成立边规范。要边注册成立联合组织，边规范引导其发展。第四，要以提供切实服务为关键，以农民是否欢迎、农户是否更大程度上获取利益为根本。要针对不同地方、不同产业的合作社发展阶段和需求，推动合作社联合组织提供合作社和农户急需的服务。

二　通盘考虑农村金融发展框架，重点发展农户合作金融

对农户的金融服务是农业社会化服务体系的重要组成部分，金融基础结构的搭建可以为农业社会化服务体系注入血液。农户所需金融服务的类别和其他主体并无本质区别，但是对于中国以小农户为主的农户群体，其金融服务需求具有单笔贷款需求小、生活贷款多等特

点。能适应这一特点并获得持续发展的金融形式是合作金融组织，即由作为客户（服务对象）的农户共有的金融组织。为了推动合作金融组织能够覆盖多数农村地区和多数农户，我们的农村金融政策需要做通盘考虑。具体来讲，就是要贯彻分类推进、规范先行、创新服务形式的策略。

对资金互助社和生产合作社内部信用合作要采取不同政策。对资金互助社，要强调规范业务，加强行业自律；对农民合作社内部信用合作，当下是积极鼓励多种试点，取得经验。鼓励多种形式的资金互助社的行业自律组织和规范的运行，使得对它的监管有具体可行的渠道，同时使得资金互助社自身有共同学习、规范业务的内在动力。推动资金互助社开展粮食信托、内部土地抵押、互助慈善等业务，使资金互助社成为农村合作金融组织形式和业务探索的主要力量。

积极推动农民合作社内部发展信用合作的试点。对于实体经济基础好、理事长能力强、内部管理规范的合作社，积极推动其创新内部信用合作形式。推动商业银行对农民合作社的信用合作业务进行对接，辅导其贷款业务和风险管理。支持信用合作业务种类的多样化。推动信用合作进入合作社的农业产业化项目。

推动农村资金互助社和农民合作社信用合作业务支持互助社和合作社的土地规模经营项目，推动农村资金互助社、农民合作社信用合作业务通过联合组织、股权共同投资方式进入农产品批发市场设施及其业务发展。继续支持和促进商业银行农户业务的发展。鼓励其在贷款品种、微贷和小额贷款技术上积极创新。这类业务的发展也可以为未来农村合作金融大发展储备人才。

三　加快国家财政支农体系和农业社会化服务体系的有机融合

农业社会化服务体系内部虽然有赢利的节点，但就整个国民经济体系来讲，它具有公益性，其建立有赖于国家财政的投入。财政在两个方面有利于农业社会化服务体系的建立，一是某些对整个体系构建有支撑作用的公益性服务组织需要国家财政投资设立和维持其运行，二是国家财政支农资金要将重点从直接补贴生产者和生产环节转到支持对生产环节的服务和生产环节之外的其他环节。

2014 年中央一号文件"健全农业社会化服务体系"的五句话中的第一句就是"稳定农业公共服务机构，健全经费保障、绩效考核激励机制"。其中的"农业公共服务机构"，如农业气象服务组织、农产品质量检疫机构、农业技术研究和推广机构、农业机械化促进机构，是农业社会化服务体系的重要组成部分。这部分机构需要经由国家投资形成，并确保其正常运行。

国家财政支农资金的投入重点要转到投资农业社会化服务上来，在对农业社会化服务的投资中，也要将相当一部分资料投资到对组织体系的投资上。使得国家财政支农资金依托农业社会化服务体系有序下达，将政策效应直接传达到农户，而不是像过去一样通过政府部门设立各种项目下达。这样做的目的是将财政支农体系和农业社会化服务体系有机融合，让农业社会化服务体系成为国家财政支农资金下达的主渠道，增强农业社会化服务体系的实力和综合服务功能。

本章第四、第五部分涉及的工作要切实体现在未来几年几个关键性的农业法律和政策框架的建立上，一是农民《合作社法》的修改，对农户信用合作、农民合作社联合组织等重要问题要立法修改；二是农村集体经济组织立法，要在农村集体产权制度改革取得经验之后，适时对农村集体经济组织进行立法；三是对《中华人民共和国土地管理法》和《农村土地承包法》的修改，要能体现促进规模经营农户发展的政策目标和加强对农地收益在集体内部共同分享的制度安排。

　　这也体现在几个关键性的农业农村改革任务上。一是对农村供销合作社改革给予有力指导，切实抓好农户经济和供销社发展状况不同情况的典型社的试点；二是要推动以农民合作社入股为主兴建股份制农产品批发市场，推动农产品流通体系实现农户共有；三是采取多种方式推动农业信息化，为农业社会化服务体系搭建可供未来整合利用的信息平台。

第 十 章

"三位一体"综合合作与供销社
综合改革

◇◇ **第一节 确立促进"三位一体"合作体系作为**
供销社综合改革核心内涵

十八届三中全会的全面改革方略要求"加快构建
新型农业经营体系"。之前，中央提出要加快构建"以
农户家庭经营为基础、合作与联合为纽带、社会化服务
为支撑的立体式复合型现代农业经营体系"。何为"立
体式复合型"？"立体"意味着全方位、多层次、广覆
盖的对农业经营主体的社会化服务，"复合"意味着家
庭经营、合作经营、企业经营等多种农业经营形式的有
机结合。如何才能实现立体和复合？十八届三中全会之
前的十多年和最近的几年，中央希望通过调动农业部门
和涉农部门的行政力量，激励地方政府整合部门资源，

培育多元化的农业服务组织，但始终没有达到"立体"和"复合"的目标。其实，解决问题的关键在于处理好农业经营主体之间的关系以及各种农业服务组织之间的关系，而不是一味地发展新型农业经营主体和各类服务组织。

而在《中共中央国务院关于深化供销合作社综合改革的决定》（中发〔2015〕11号）（以下简称"11号文件"）中，中央提出，"面向农业现代化、面向农民生产生活，推动供销合作社由流通服务向全程农业社会化服务延伸、向全方位城乡社区服务拓展，加快形成综合性、规模化、可持续的为农服务体系，在农资供应、农产品流通、农村服务等重点领域和环节为农民提供便利实惠、安全优质的服务"。也就是说，将供销社建成综合性、规模化、可持续的为农服务体系，这意味着所谓立体式复合型现代农业经营体系中的服务体系部分就由供销社来承担了。这是供销社改革的最终目标，也是供销社在中国农业经营体系中地位的极大提升。国家下了决心，要支持农民合作制，要通过生产合作、流通合作和信用合作的三位一体实现各种农业服务和经营方式的立体式和复合化，最终力求建成适合中国国情的农民综合合作体系。而供销社改革就是在这一过程中的核心进程，供销社是农民综合合作体系中的核心体系。可以说，供销社改革的最终前途是使供销社成为农民综合合作体系的载体。

11号文件提出，供销社改革不仅要考虑供销社自身的需要，更主要的是要考虑合作经济组织体系建设的要求，考虑到为农服务的需要。文件表述，"到2020年，把供销合作社系统打造成为与农民联结更紧密、为农服务功能更完备、市场化运行更高效的合作经济组织体系，成为服务农民生产生活的生力军和综合平台，成为党和政府密切联系农民群众的桥梁纽带，切实在农业现代化建设中更好地发挥作用"。

11号文件要求把供销社建设成为农服务的生力军、农业社会化服务体系的主导力量。农业社会化服务，最重要的内容就是金融、流通、科技等为农服务的内容。供销社综合改革就是要将信用合作、流通合作和生产技术合作这三种农民合作集于一身，建成农民合作经济组织体系。也就是说，供销社综合改革的目标就是"三位一体"的农民综合合作体系。

为此，在进行供销社综合改革、建立合作经济组织体系的过程中，首先要确保占绝大多数的中、小农户能进入，使他们不仅在生产环节和技术服务环节合作，而且要在流通、金融等农业全产业链条上合作。合作组织体系的主体是中小农户,组织形式是合作社,只有让足够数量的小农户按照合作制原则组织起来、参与进来,以新型合作组织为载体,才能真正"用工业的方式发展现代农业",工业的方式不仅指生产技术和生产规模,更主要是指组织和管理创新及整体经营规模。唯有以合作制为组织载体才会激发一定区域内足量的农户服务需求,扩大服务体系利润,使中小农户通过参与合作组织,切实感受到组织化的优势,分享服务环节利润,从而促进其成长和获得公平可观的收入。

◇◇ 第二节 推动"三位一体"要从各类为农 服务一体化入手

要使供销社真正实现金融、科技、流通等的一体化,首先就涉及服务内容的一体化。这些为农服务的方式到底是"帮助农民赚钱",还是"赚农民的钱",取决于社会化服务是否建立在真正合作制的基础上。各种农业经营主体,包括实现了规模经营的各种新型农业经营主体,是否应该得到发展,其衡量标准除了看它是否搞农业，更重要的是看它是否把最终利润的主要部分分享给了农户，推动了农村的发展。要做到这些，不依靠以农民为主体的合作制不行。

其次，要大力推动基层社改造成农民合作经济组织。供销社系统上下都已明确，如果不借助合作制，供销社就无法在农村发展中扎根立足。农村作为供销社的传统根据地，正期待供销社通过合作制深耕细掘、再造辉煌。供销社改革为已有合作社的升级和新合作社的创立提供了明确的方向，而合作制是供销社重新起飞的坚实基础。发展合作制，整个供销社改革才能积蓄强大动能，最终推动供销社转型。

在 11 号文件和"六代会"的指导下，各地供销社正在积极稳妥地推进改革试点，探寻适合本地的合作社形式。有的省份积极探索将"互联网＋"的思维融入合作社建设中，通过电子商务改造合作社与农户的关系。有些省份通过"专业服务公司＋合作社＋农户""涉农企业＋合作社＋农户"等模式，进一步强化合作社的服务能力，扩大农业社会化服务范围。内蒙古则通过办培训班等方式组织合作社开展技术服务、组织对外销售，使合作社成为推广技术、传播知识的平台。

中国农民合作事业的发展，需要供销社把已有的和继续创办的合作社改造成为农民合作制发展的最有力推动力量。在供销社改革中，通过社员股份设置、员工转社员等形式创造性地将合作制的优势充分发挥，让农民切切实实感受到好处并且参与进来，创办更多、更可靠的真合作社。如果在发展合作社这一最基础性的工作上，供销社继续"造假""护假"，供销社的所谓"改造自我"如何让农民相信，让全社会相信？供销社发展合作社需要动真格的，这包括要主动打假、主动求真、联合走强，新建合作社别再"造假"，要一个一个辅导，一个一个做真，一片一片做大做强。发展合作社不能追求数量，必须追求质量，走老路看似轻快，实质上是死路，只有坚定和农民站在一起，只有一个一个把合作社建立在农民手中、农村大地，供销社改革才算有真前途！

◇ 第三节　推动供销社"三位一体"改造的三大关键环节

现代农业经营体系"立体式、复合型"如何构建？合作和联合如何实现？如何强化和创新农业社会化服务机制和实现形式？要构建"三位一体"的农民综合合作组织体系，最应解决的问题是如何避免先前涉农部门利用国家和地方财政扶持合作社发展的资金寻租，如何改变专业合作社联合只是主导各合作社的大户之间联合并损害普通社员利益的情况，如何找到合作金融扩展的有效形式，如何对合作金融的发展进行有效的制度安排和合理的监管，如何在实施层面上更加明确体现出信用合作、流通合作、生产合作的"三位一体"。

为推动"三位一体"农民综合合作体系的构建，需要抓住三大关键环节。

一　要在合适时机确立供销社的法定地位，实现组织一体。

"三位一体"合作组织具有公共福利责任和公共管理职能，应由国家立法成立，定位于公法社团，是介于政府机关和纯民间组织之间的一种半官方枢纽组织。这一组织在成立之初无须具有实际经营活动，仅根据国家公共意志即可成立，基本成员自动形成，以法律规定的一定地域范围为界。这类组织表面上具有统合各方的优势，但是实际上却很容易被各方架空，除了形式上的联合并无实质作用，在立法上的共识没有形成、法律没有出台的情况下，当务之急是在政策层面上，根据合作制内涵，确立供销社基层社的农户主体地位和合理数量，确保"三位一体"基层组织做到对一定地域范围农户的全覆盖，使其具有吸纳资源、提升合作的合法性基础。

二 必须在改革中整合各方资源、促进资源一体

众所周知，供销社系统各联合社层级之间，组织松散，各自为战。除基层社的人、财、物归县级社统一管理，联系比较紧密外——尽管这种紧密是一种本末倒置的现象，全国总社与省级社、省级社与地市级社、地市级社与县级社之间只是传统的"上下级"关系或"对口管理"关系。各级社理、监事会并非由代表大会选举产生，而是主要对本级政府负责，在工作上主要采取行政推动的办法，并没有形成真正的"联合社与成员社"之间应有的正确关系。当前，为了推进改革，必须整合资源，促进资源使用的一体化。全国总社和省级联社要总体维持稳定，通过下放资源的形式支持基层社合作制改造，并且主动牵头成立新的合作制经营实体。对于新生的县域合作组织的联合组织，可以逐步将其纳入，将重点放在指导乡镇基层社改造及其联合上。通过指导、介

入和创立新平台，实现供销社系统的整体过渡。

三 重点促成基层社"三位一体"改造。

供销社改革的关键战役在于乡镇基层社改革。目前的乡镇基层社不能说是农民自己的合作经济组织。要以乡镇为支点，重构乡镇基层社，使其成为真正的农民合作经济组织。要坚持按照中央提出的基层社合作经济组织属性的"三条基本标准"，强化基层社建设。

第一，坚持农民出资原则。要创新合作方式，"通过劳动合作、资本合作、土地合作等多种途径，采取合作制、股份合作制等多种形式，广泛吸纳农民和各类新型农业主体入社，不断增强与农民在组织上和经济上的联结"。第二，坚持农民参与原则。加快完善治理结构，落实"三会"制度，"提高农民的参与度和话语权"。第三，也是最重要的，就是要坚持农民受益原则。要"规范基层社和农民社员的利益分配关系，建立健全按交易额返利和按股分红相结合的分配制度，切实做到农民出资、农民参与、农民受益"。通过密切与农民的经济利益关系，调动农民支持改革、参与经营、参与决策管理的积极性，"实现农民得实惠、基层社得发展的双赢"。这三条标准是一个相辅相成的有机统一体,其中农民出资是基础,农民参与是关键,农民受益是根本,三者缺一不可。

供销社系统要下放和让渡一部分资源给改革后的乡镇新型合作组织(如农民合作社联合社),同时要创立乡镇地域内的合作金融并融合现有农村金融资源,有序开放农户和合作社进入渠道。要促进供销社原有流通渠道和合作金融的信用增进机制相互交融,逐步丰富合作功能,提升对农户的服务能力,形成具有扩展服务能力的内在发展机制。当前试点阶段,要根据供销社的不同实力基础、所在乡域和县域的不同产业结构、不同开放程度、农户的不同农业装备水平、不同的专业合作社发展基础、不同的民间互助金融和合作金融现状、不同的民间资本实力、不同的财政支农资金实力、不同的涉农部门组织建制、不同的乡镇相对于村的资源优势、不同的乡村社会组织状况等进行选择,认真设计试点方案。地方政府要逐步通过基层"三位一体"合作组织发放财政资源,借机推动其逐步确立科学的内部管理模式,赢得在农户社员和合作社社员中间的公信力,并促使县乡政府加强对其的依赖,发展合作,逐步发展其社会服务和行政扶助功能。

"三位一体"合作化是一种多层次突破、递进发展

的改革过程。供销社改革已经走上这条道路，只要坚持
"三位一体"目标和路径，不断创新组织方式和改革具
体路径，就能最终形成中国特色的农业社会化服务体
系、中国特色的农民合作组织体系。

◇ 第四节　充分发挥合作金融引领作用，推动综合改革

全国供销合作社基层社中有一个典型肖家庄供销社。
肖家庄供销社的发展是一度走错了方向的供销社逆境求
生的一个缩影。更具普遍意义的是肖家庄供销社作为一
个组织，它寻求的改革摸准了农户服务的需求，也开始
找到作为"统"的层次的服务组织和"分"的农户有效
结合的机制。这种机制值得更多基层供销社实践，更要
求我们通过改革进一步营造有利于它成长和发挥作用的
体制环境。

基层供销社在适应竞争的过程中，一度把成为市场
经营主体作为自己的方向，仅仅想赚农民的钱，而不根
据农户的需求提供产品和服务，造成业务萎缩。而当基
层社更能适应农民的服务需求，相比过去能给农民带来

实惠的时候，基层社就真正扩展了业务，赚到钱了，由此开始逐步占领农户生产环节之外的所有涉农加工和服务环节。这是肖家庄供销社"第一部曲"和"第二部曲"故事的内容。

第三部曲展开的是通过组建农民合作经济组织，将农户吸收进农业生产环节之外的涉农服务环节，让农户来分享利润。第三部曲的成功在于两点：第一，承接前面两部曲的业务内容，真正提供农户需要的各种服务，从农资、种子到生活用品；第二，使农户逐步成为涉农服务环节的经营者，开始让农民分享涉农服务环节的利润，与农为伍，与农共舞。这样基层社再也不可能离农，而成为真正地为农服务组织。基层社再也不会亏损，因为农民与基层社的共生关系养大了基层社。

但是，第三部曲如果仅是这两点，不会永远生机勃勃，因为它仍然面临其他服务主体的竞争。使得第三部曲真正可以得到持续的，是让更多的农户成为基层社涉农服务的"股东"，这就需要找到基层社合作制改造的现实方式，真正使农户成为基层社全部服务的所有者，也同时成为全部服务的使用者。当服务的使用者足够多，自然有钱赚，当使用者也是所有者，可以依照合作制原则分红，自然可以和合作组织长期互相依赖。基层供销社改革的方向是成长为更为强大的可以给农户提供综合服务的合作制组织。仅仅是 117 户农民所有的合作社，并不足以确保基层社的合作制性质，也不能保证其经营的持续开展。

供销社改革要想真正成为农民的合作制组织，一个可行的方式是发展新型农村合作金融组织。2005 年中央关于供销社综合改革的文件赋予供销合作社发展合作金融权能，是对过去供销社姓农、为农、务农的历史肯定，是系统推进和全面深化农村改革的关键举措。而且，要想使供销社综合改革这一复杂的利益博弈过程助力最小、成本最低，发展新型农村合作金融组织最值得尝试。

供销社如果能抓住历史机遇，用五年左右时间基本构建起功能完善、服务高效、运行安全、创新发展的新型合作金融组织体系，那就可以彻底扭转之前的发展颓势，使农民成为改革的主体力量，密切和农民的利益关系，真正形成供销社与农民是一家人——信用共同体、利益共同体、命运共同体，从而使姓农、为农、务农真正落到实处，从而也使自己成为新型农业经营体系中举足轻重、不可或缺的力量。

第十一章

构建"三位一体"综合合作体系的改革战略

多层次农民综合合作体系是构建新型农业经营体系的目标模式。多层系农户综合合作体系的核心是"三位一体"。这一目标模式的内涵或本质规定是：除组织小农的生产合作外，逐步将涉农的金融、流通和科技事业整合进合作体系内部，使其合作收益为小农共享；组织多层次合作，充分发挥分工和专业化好处，以更大的合作规模和多种服务产生足够合作收益；同市场经济体系内的企业和其他经济主体具有法律上的平等市场关系，并因其在农村地区对某些产业和服务的特许定位和基于客户（即加入合作体系的小农）数量庞大的经营优势而取得可观利润；承接和使用国家用于弥补农户务农的机会成本上升以稳定务农者劳动投入、获得农业提供的非经济的多功能性公共物品而支付的财政资源下达。

与日本、韩国、中国台湾创立基于小农综合需求的综合农协时的情况不同，中国大陆农村早已不是农民合作组织发展的真空地带。今日农民分化的情况和农业经营体制的现状也和日本、韩国、中国台湾当初有很大不同。目前，农民合作体系发展的态势是，在市场化过程中已经分化的小农中的"大农"，在部门扶持和龙头企业的"带动"下已经组织成立了相当数量的拥有一定规模的专业合作社，但是其实际覆盖农户范围仍十分有限，业务功能的发展和壮大，在政策扶持力度和发展空间上受到涉农部门分立和涉农部门自我利益为先的限制，在发展空间上受到龙头企业的限制。也就是说，在部门下乡和资本下乡之下，专业合作社发展呈现虚假繁荣，多数是"大农吃小农"，无力满足兼业小农户综合需求。这些专业合作社的存在压缩了农民自主合作的空间，使得农民合作体系构建面临缺乏来自兼业小农自下而上的宝贵支持的危险。构建多层次的农民综合合作体系已经到了时不我待的时刻。

◇◇ 第一节 构建"三位一体"综合合作体系的 总体态势

在实践当中，朝向"三位一体"农民综合合作的创新正在不断涌现。广大农民在发展农村合作经济的实践中，也正在逐步认识到单一的专业合作社不能实现稳定增收，正在尝试进行多种形式的合作组织间联合和重组。由农民专业合作社、资金互助社等发起的合作组织之间的联合方兴未艾。地方政府在促进农民专业合作社发展中，也认识到必须促进农民专业合作社的联合，地方法规和政策对于成立专业合作社联合社有了越来越明确的规定和措施。在浙江"三位一体"农民合作试点经验的推动和启发下，越来越多的地方开始以"三位一体"方式进行农民合作体系建设。学界有识之士也在积极倡导"三位一体"农民合作体系，并积极总结实践经验，对有关试验进行指导。2014 年 1 月 20 日发布的《中共广东省委贯彻落实〈中共中央关于全面深化改革若干重大问题的决定〉的意见》提出：发展农村合作经济组织，推进生产合作、供销合作、信用合作"三位一体"合作体系建设。这是在浙江原有的实践之外，又一次以省级政府名义明确推进"三位一体"农民合作。所有这些创新都积极表明在科学理论和地方试点的推动下，"三位一体"农民综合合作已经逐步发展成各地构建新型农业经营体系的主导战略思想。

在中央深化改革的总体战略中，以"三位一体"农民综合合作为旨向的农村综合改革的布局也越来越清晰。十八大报告指出，坚持和完善农村基本经营制度，依法维护农民土地承包经营权、宅基地使用权、集体收益分配权，壮大集体经济实力，发展农民专业合作和股份合作，培育新型经营主体，发展多种形式规模经营，构建集约化、专业化、组织化、社会化相结合的新型农业经营体系。十八届三中全会决定提出：推进家庭经营、集体经营、合作经营、企业经营等共同发展的农业经营方式创新。2013年底的中央农村工作会议提出：加快构建以农户家庭经营为基础、合作与联合为纽带、社会化服务为支撑的立体式复合型现代农业经营体系。2014年中央一号文件提出：全面深化农村改革，要鼓励探索创新，在明确底线的前提下，支持地方先行先试，尊重农民群众实践创造；推进财政支持农民合作社创新试点，引导发展农民专业合作社联合社；在管理民主、运行规范、带动力强的农民合作社和供销合作社基础上，培育发展农村合作金融，不断丰富农村地区金融机构类型；发挥供销合作社扎根农村、联系农民、点多面广的优势，积极稳妥开展供销合作社综合改革试点；采取财政扶持、税费优惠、信贷支持等措施，大力发展主体多元、形式多样、竞争充分的社会化服务，推行合作式、订单式、托管式等服务模式，扩大农业生产全程社会化服务试点范围。这些改革思想和政策措施，为从总体方向和具体环节上推动"三位一体"农民综合合作提供了重要支持。

但是，我们必须看到，在农村市场化、城乡要素资源流动的经济社会背景下，一些市场主体和社会力量利用国家政策参与农民合作化时，由于其个别利益诉求得不到依法约束，在与农户结合组建合作组织中不能充分实现农户主体地位，以及政府指导和监管不到位，农民合作的大趋势中产生了一些不健康因素，从而使得农民合作最终的获益者农户还没有得到充分利益，农民合作的政策也不能得到农户的积极支持和响应，"三位一体"战略构想还不能适时得到全面推进。

当前应该突出关注的是：专业合作社的联合仍然在

谋求套取政府财政支持，联合成为了主导各合作社的大户之间的联合，以更多获取大户利益而普通社员利益依然受损；部门利用国家和地方财政扶持合作社发展资金进行寻租；发展合作金融缺乏有效的制度安排和合理的监管，无法构成各类合作组织整合中的积极支持力量；缺乏明确的发展综合性、多层次、全方位农民合作的明确政策目标。

综上所述，可以看到，"三位一体"农民综合合作的战略构想开始逐步在中央农村改革的布局中成为核心思想，也正在成为地方改革实践的重要选择。同时，一些实践偏向也可能在理论和政策准备不足的情况下，在缺乏对各种实践动向给予明确判断和政策回应时，使农民合作延误时机，甚至出现不应有的反复。面对农民综合合作方兴未艾的历史趋势，我们更需深入、正确地理解"三位一体"农民综合合作体系的战略构想，科学理解其现实依据，谨慎谋划推进的战略布局，以期最终实现其统分结合、强农固本的国家战略目标。

◇◇ 第二节 推进改革的基本原则

2007 年 7 月 1 日,《中华人民共和国农民专业合作社法》通过并实施,并没有改变多种经营主体发展中小农户的弱势地位。因为政府部门的约束条件没变:扶持资金优先、符号可见性优先的政绩追求未变,营利性目标没变;资本的约束条件没变:同部门结盟的逻辑没变、短期赢利目标未变;大农的约束条件没变:政府部门和资本的强势地位没变、优势资源种类(人际关系资源、信息资源)没变;小农的约束条件也没有变:生产规模未变、资源劣势未变(技术水平、信息资源)。在这种各方约束条件未变的情况下,我们很难相信,"大农吃小农"的合作社居多的情况只是前进中的问题,随着对合作社的"规范化",情况就能改观。短期内,倒是有可能出现"小农吃大农"的合作社。如果政府强力按照法律精神规范合作社的话,目前的假合作社中大户的利益会受到限制,但是,对于大户的经营能力和贡献不能科学折股,也会导致积极性下降,相比过去,则是小户吃了大户。所以,我们看到,发展好的专业合作社已经开始抬高门槛，限制小农的进入。

"大农吃小农"成为专业合作社发展中的典型现象，表面看起来是合作社治理结构的规范问题，实质上是合作化发展的各种利益主体的资源禀赋、利益结构的对比和连接方式问题。

在这样的情况下，只批评部门和资本基于自身利益发展假合作社，或单纯倡导政府扶持、龙头企业扶持，或仅仅强调农民自发自愿，对于形成一个小农利益得到保护和实现的健康的合作社发展格局都是没有大用的。真正重要的是扭转上面揭示的基于部门、资本、大农、小农的资源禀赋和利益结构而生的合作经济组织变异的实际逻辑，转而寻求建立农村多层次综合性的农民合作体系。

中国大多数小农的收入增长和社会福利增加的综合需求无法靠当前畸形的专业合作社发展来承担，也无法靠发展多种新型经营主体承担。要发展农户综合合作体系，则必须考虑到部门下乡和资本下乡的现实和"大农吃小农"的合作社的存在。发展农民综合合作体系的现实路径要基于这种现实，而且要有逐步改变这种格局的内在机制。为此，可以确立这样几个基本原则。

第一个原则是国家介入。国家介入针对的首先是对农民自发的片面强调。单纯依靠农民自发合作的扩展并不现实。小农的生产剩余很少，如果再要依赖自己支付合作成本，合作要启动本身就很难。需要农民以外的公共力量组织，国家作为最具权威性的这种公共力量，责无旁贷。而部门和资本在农民合作社发展问题上也已形成优势地位，也要求国家出台法规和政策，阻止部门自求其利和资本自顾自利。只有国家介入降低农民初期合作的成本，隔绝部门和资本的影响，才能使农民合作组织大量发育。

第二个原则是要覆盖绝大多数农户。综合合作体系的会员应该包括中国大多数农户。小农只有被合作体系保护起来并自我产生超出单户经营的收益，才能避免市场弱势地位。也只有农村合作体系具有全覆盖性，才能使执政党和政府同农户建立起直接的沟通和合法性认同机制。

第三个原则是要提供充分的多种合作收益，靠综合收益吸引农民、扩大农民经营规模。小农作为农村合作体系的服务对象，其面向市场的农业生产和经营、独特的社区生活所需要的服务是多方面的，合作的内容也应是多种多样的。从需要的合作内容看，至少会包括生产合作、金融合作、流通合作、科技合作等，这些合作会产生综合收益，从而增加农民从农业全产业链中获取收益的份额。

第四个原则是渐进原则。对于部门和资本的存在，不是尽除之而后快，而是要充分发挥当前其还有的积极作用，逐步抑制其消极作用，对其利用和改造。否则，多层次综合合作的目标无法提出，提出也无法操作。

◇◇ 第三节　推进改革的战略

政府作为代表社会公共利益从而更代表合作化中小农利益的一方，在选定综合合作体系作为合作化的目标模式之后，其达至这一目标主要有以下几个方面的政策。

一　基本力量引导战略

对现有合作化格局中的基本力量实行有区别的引导。具体是：抑制部门营利、节制资本、促进大农和小农互利合作、扶助小农。

二　基层合作社示范促进战略

推动合作金融、合作购销、合作生产融为一体的乡镇或村域的社区综合合作社发展，把其作为综合合作体系的基层组织。具体是：建立示范合作社，示范合作社应该充分利用社区内在社会资本和体制性的管理资源；以示范合作社为基础，建立市、县级的合作社综合发展的学习、促进中心，通过经验交流、参与式实践，推动合作社之间互相学习，学习促进中心向政府部门提供合作社发展的政策扶持的需求和建议。

三　区域扩展战略

从县级到地方再到区域最后到全国，逐步发展综合性合作体系覆盖范围。具体是：从市、县级综合合作体系构建起步，逐步加入构建区域性的综合合作体系的进程，最后扩展到全国的综合合作体系。

四　合法性赋予战略

"三位一体"合作组织具有公共福利责任和公共管理职能，应由国家立法成立，成为公法社团。这一组织在成立之初并不必然需要具有实际经营活动，仅根据国家公共意志即可成立，其基本成员自动具有，以法律规定的一定地域范围为界。在立法共识没有形成、法律没有出台的情况下，当务之急是在发展政策上，根据合作制内涵，确立农户主体地位和合理数量，确保"三位一体"基层组织做到对一定地域范围农户的全覆盖，使其具有吸纳资源、提升合作的合法基础。浙江在县域范围内通过"接管"现有合作制的历史成员注册成立，并托管信用合作社、供销合作社的做法具有可操作性，可通过和供销合作社、信用合作社的互相交融逐步丰富合作功能，提升对社员的服务能力，使其具有扩展服务能力的内在机制。

要建立"三位一体"合作组织体系，我们没有必要另起炉灶，回避对现有的各类合作组织和现有资源的利用和改造。必须充分利用现有组织资源，使现有的具有合作制名义的组织互融吸纳，同时不断发展新生的合作力量，最终实现合作体系的一体化。

◇◇ 第四节　设立"大农政"和改革农政领导体制

一　设立中共中央农村工作委员会，统一规划和指导综合合作体系创建和发展

这一工作委员会的职能主要有：提出国家发展综合合作体系的宏观思路和主要政策体系，为此，其要承担

拟定法律框架、立法前期调研、关键政策的研究等任务；对市、县以下的综合农协试验进行组织和引导，总结有关经验，组织有关试验的经验交流和研讨；利用党的组织优势，发动农村党员投身综合农协创建；组织大规模的合作社指导者和农民合作社人才培训。

二　建立中华人民共和国农政部，并具体执行对综合合作体系的扶持政策

国家进行大部制改革针对的问题主要是"政府职能转变还不到位，对微观经济活动干预仍然过多，社会管理和公共服务有待进一步加强；政府机构设置还不尽合理，部门职责交叉、权责脱节和效率不高的问题比较突出；有些方面权力仍然过于集中，且缺乏有效监督和制约，滥用职权、以权谋私、贪污腐败等现象仍然存在。"对于涉农部门，这些问题也存在。

可以考虑重组中农办、农业部、林业局、科技部、水利部、商务部、国土资源部、住房和城乡建设部、中国人民银行、银监会、供销总社等部门的涉农行政职能，设立"中华人民共和国农政部"，在省、市、县设立农政厅、农政局。原农业部整体改组进入农政部。县以下原则上不必再设立独立农政机关，可由农政机关委

托基层农协代行有关职能。

设立农政部，对于建立综合性农民合作体系具有如下两点意义。

第一，消除涉农部门之间的摩擦，使国家有关发展综合性农村合作体系的政令畅通，减少行政成本。同时，减少综合性农村合作体系中的各农民组织同涉农行政部门打交道的成本。

第二，抑制涉农部门的营利性。尽可能消除涉农行政部门在发展农民合作体系上的谋利行为。

以上几个改革措施的提出，在实践中不应该是同时的。其实，这些政策之间有着极强的相关性，有些政策之间还互为前提或条件，如农政部和全国性综合农协。作为农民组织，综合农协能汇聚农民需求，会更好地反映农民对国家涉农行政的要求，从而对农政部的工作产生推动；而农政部的工作职责确定、支农惠农政策的实施，离不开综合农协的配合。但是，基于在中国创办全国性综合农协所需的条件不可能充分成熟，要走一个从县域到区域再到全国的路径，因此，农政部成立就得不到来自全国性综合农协的推动和校准。

◇◇ 第五节　当前要抓紧进行的改革试验

一　运用立法、行政和社会力量，预设三级合作体系的成长空间和一体化的动力

由于现有涉农行政部门和利益集团对农业产业利润的深度控制，在推动"三位一体"改革之初，从中央全面着手、从上到下建立，在全国普遍推进"三位一体"改革，只能加大改革阻力。可行的战略，应该是明确"三位一体"的改革方向、预留三重合作体系的充分空间，借以调动各方加入和投入的积极性，展开一个竞相启动、扎实积累，最终不可逆转的改革过程。

在中央层面，可以在中央全面深化改革领导小组层面，在经济体制和生态文明体制改革专项领导小组中设立专门的工作内容，对这方面的试点工作，要建立比现有的"农村改革试验区联席会议"更具权威的独立的筹划和指导机构。

选择 2—3 个省，进行省级"三位一体"合作组织地方立法试点。这一立法试点可以领先于中央层面的农民《合作社法》修改、农村集体经济组织立法、民间组织立法等立法流程。通过省级立法调研和立法过程，逐步摸清立法关键环节，通过省级法规的试行，逐步摸清各实践主体的利益结构和改革空间。

二 以乡镇和县域为支点，发展三种合作功能集于一身的基层合作组织

合作组织利润所需的合理规模决定了其应该以现有乡镇范围内农户数量为会员规模的基本底线。一个乡域范围或跨乡的合作组织要具备基本功能，需要延揽经营管理人才和专业人才，这既需要在人才、经验和资金上得到乡镇和村委会的有力支持，也需要国家给予外部人力资源进入合作组织的培训和就业政策。

各涉农部门的很多支农资金和项目使用效率低、瞄准度差，应逐步交由乡镇"三位一体"合作组织来进行分配。"三位一体"组织分配这些资源的过程恰好是形成内部民主管理机制的良好契机。通过基层"三位一体"合作组织发放财政资源，可推动其逐步确立科学的内部管理模式，赢得在会员中间的公信力，并促使县乡政府加强对其的依赖，发展与其的合作，逐步发展其社会服务和行政扶助功能。

中央要分别择一定数量县、一定数量乡进行基层

"三位一体"合作体系试点。并鼓励非试验区范围的县、乡政府和社会组织自行组织试点，作为试点联系点。要形成多方竞争共同寻找组织形式的生动过程。充分发挥党领导农业和农村工作的优势，避免由部门主导或形式上的部门合作来主导。对试点县乡领导给予政治待遇保障并视改革成效直接提拔。给予试点乡镇和所在地方充分改革空间。必要时由中央指导机构下派干部和配备社会组织与志愿人才帮助试点推进。

为便于对应比较、相互学习，要据以下不同情况选择试点县和乡镇：不同产业结构、不同开放程度、不同农业技术装备水平、不同的专业合作社发展基础、不同的民间互助金融和合作金融基础、不同的财政支农资金实力、不同的涉农部门组织建制、不同的乡镇对村资源优势、不同的民间资本实力、不同的乡村社会组织状况等。

乡镇试点要重点探索对以下问题形成政策思路：县级涉农部门整合和乡级合作体系自主运行的关系问题；乡镇农民合作组织与村委会的关系，各自组织性质和地位、职能分工问题；乡镇农民合作组织的合作内容是否包括跨村的土地整理和流转；乡镇农民合作组织的合作金融功能的有效发挥；乡镇农民合作组织的注册和命名；乡镇农民合作组织的内部治理机制；社会组织参与构建乡镇农民合作组织问题；乡镇农民合作组织整合农民专业合作社时两者的关系问题；层级结构的合作体系的内部管理成本如何节约；如何避免基层合作组织产生内部人控制；合作体系的纵向合作金融制度如何建立；如何立法支持"三位一体"的步骤和立法层次。

值得指出的是，鉴于合作金融在乡镇合作组织构建中的突出作用，要请金融主管机构和监管部门允许试点县和乡镇遵循十八届三中全会决定和 2014 年中央一号文件精神，在乡镇农民合作组织内部开展规范的合作金融业务。要将其作为服务社员、增强内生实力的重要内容。对其业务开展进行人才培训和业务指导。

对市县级试验区，赋予其试验区人事任免、工资待遇以及内部组织设置的明确自主权。试验区实行先行先试、封闭运行、重在探索、不计功过、统一指导、充分交流的工作方针。要想获知稳妥可行的全国改革路径，而不释放和整合一定的体制资源，没有多少可能。

参考文献

[1] 陈富良：《政府规则：公共利益论与部门利益论的观点与评论》，《江西财经大学学报》2001年第1期。

[2] 陈林：《新"三农"问题之十大关系——兼论农村合作诸问题》，《太平洋学报》2007年第10期。

[3] 陈锡文：《加快构建新型农业经营体系》，载《〈中共中央关于全面深化改革重大问题的决定〉辅导读本》，人民出版社2013年版。

[4] 程同顺：《中国农民组织化研究初探》，天津人民出版社2003年版。

[5] 豆建民：《人力资本间接定价机制的实证分析》，《中国社会科学》2003年第1期。

[6] 杜润生：《杜润生自述：中国农村体制变革重大决策纪实》，人民出版社2005年版。

[7] 杜吟棠：《合作社：农业中的现代企业制度》，江

西人民出版社 2002 年版。

[8] 龚继红：《农业社会化服务体系中组织协同与服务能力研究》，博士学位论文，华中农业大学，2011 年。

[9] 关锐捷：《共同破解农业社会化服务体系建设难题》，《农村经营管理》2012 年第 11 期。

[10] 关锐捷等：《构建新型农业社会化服务体系初探》，《农业经济问题》2012 年第 4 期。

[11] 郭红东、楼栋、胡卓红、林迪：《影响农民专业合作社成长的因素分析——基于浙江省部分农民专业合作社的调查》，《中国农村经济》2009 年第 8 期。

[12] 黄祖辉、徐旭初、冯冠胜：《农民专业合作组织发展的影响因素分析——对浙江省农民专业合作组织发展现状的探讨》，《中国农村经济》2002 年第 3 期。

[13] 孔祥智、张小林、庞晓鹏、马九杰：《陕、宁、川农民合作经济组织的作用及制约因素调查》，《经济理论与经济管理》2005 年第 6 期。

[14] 黄祖辉：《农民专业合作组织发展的影响因素分析——对浙江省农民专业合作组织发展现状的探

讨》,《中国农村经济》2002 年第 3 期。

[15] 江小涓:《中国推行产业政策中的公共选择问题》,《经济研究》1993 年第 3 期。

[16] 江涌:《警惕部门利益膨胀》,《瞭望新闻周刊》2007 年第 40 期。

[17] 蒋满元:《激进还是渐进:不同国家制度变迁道路与方式的比较分析——以市场取向改革中制度变迁的分析为背景》,《求实》2005 年第 9 期。

[18] 蒋满元:《经济立法中的地方部门利益倾向问题分析——公共选择与制度变迁的视角》,《经济体制改革》2006 年第 4 期。

[19] 孔祥智、毛飞等:《"三个导向"与新型农业现代化道路——2014 年中央一号文件精神解读》,载《中国农村改革之路》,中国人民大学出版社2014 年版。

[20] 孔祥智、楼栋、何安华:《建立新型农业社会化服务体系:必要性、模式选择和对策建议》,《教学与研究》2012 年第 1 期。

[21] 孔祥智、徐珍源、史冰清:《当前我国农业社会化服务体系的现状、问题和对策研究》,《江汉论坛》2009 年第 5 期。

［22］ 李春海：《新型农业社会化服务体系框架及其运行机理》，《改革》2011年第10期。

［23］ 李中华：《日本农协给我们的借鉴与启示》，《农业经济》2003年第6期。

［24］ 林毅夫：《关于制度变迁的经济学理论——诱致性制度变迁与强制性制度变迁》，载科斯等《财产权利与制度变迁》，上海人民出版社1994年版。

［25］ 刘长发：《关于部门利益的若干理论思考》，《四川行政学院学报》2005年第6期。

［26］ 龙书芹：《农业社会化服务体系的新的研究路径探讨》，《调研世界》2010年第1期。

［27］ 楼栋、仝志辉：《中国农民专业合作社多元发展格局的理论解释》，《开放时代》2010年第12期。

［28］ 楼栋、仝志辉：《农业社会化服务：体系研究的肢解和进行整体性研究的可能》，《农林经济管理学报》2014年第2期。

［29］ 马克斯·韦伯：《经济与社会》，林荣远译，商务印书馆2004年版。

［30］ 马晓河、韩俊：《野力模式：农业产业化的新探

索》，《中国农村经济》2000 年第 2 期。

[31] 玛丽亚·乔纳蒂：《转型：透视匈牙利政党—国家体制》，赖海榕译，吉林人民出版社 2002年版。

[32] 牛若峰：《中国农业产业化经营的发展特点与方向》，《中国农村经济》2002 年第 11 期。

[33] 欧阳斌：《立法背后的利益博弈》，《东北之窗》2007 年第 5 期。

[34] 任大鹏、张颖、黄杰：《农民专业合作社真伪之辩》，《农村经营管理》2009 年第 7 期。

[35] 沈惠平：《坚持公共政策的公共利益取向》，《理论探讨》2003 年第 1 期。

[36] 宋洪远：《新型农业社会化服务体系建设研究》，《中国流通经济》2010 年第 6 期。

[37] 宋洪远：《中国农业政策与涉农部门行为》，中国财经经济出版社 1998 年版。

[38] 孙力：《政治正确与部门利益——一种泛政治化现象的分析》，《中国改革》2006 年第 8 期。

[39] 孙力：《我国公共利益部门化生成机理与过程分析》，《经济社会体制比较》2006 年第 4 期。

[40] 孙立平：《部门利益的逻辑》，《法治经纬》2005

年第 9 期。

[41] 孙立平：《中国进入利益博弈时代——利益博弈时代的来临》，《经济研究参考》2006 年第 7 期。

[42] 孙玉娟：《利益冲突视角下的政府和农民非对称博弈》，《当代世界与社会主义》2007 年第 1 期。

[43] 仝志辉：《农村改革 30 周年之际看部门和资本下乡后的农民合作之路》，《人民日报内参》2008 年第 39 期，2008 年 10 月 17 日出版。

[44] 仝志辉： 《论我国农业社会化服务的"部门化"》，《山东社会科学》2007 年第 7 期。

[45] 仝志辉、楼栋：《农民专业合作社"大农吃小农"逻辑的形成与延续》，《中国合作经济》2010 年第 4 期。

[46] 仝志辉、温铁军：《资本和部门下乡与小农经济的组织化道路——兼对专业合作社道路提出质疑》，《开放时代》2009 年第 4 期。

[47] 汪旻艳、管新华：《论部门行政向公共行政转型的制度设计》，《理论观察》2004 年第 5 期。

[48] 魏道南、张晓山主编：《中国农村新型合作组织探析》，经济管理出版社 1998 年版。

[49] 温铁军：《国家资本再分配与民间组织再积累》，

《战略与管理》1994 年第 4 期。

［50］温铁军：《制约三农问题的两个基本矛盾》，《战略与管理》1996 年第 3 期。

［51］温铁军：《中国农村基本经营制度研究》，中国经济出版社 2000 年版。

［52］向国成、韩绍凤：《小农经济效率分工改进论》，中国经济出版社 2007 年版。

［53］向国成、韩绍凤：《分工与农业组织化演进：基于间接定价理论模型的分析》，《经济学（季刊)》2007 年第 2 期。

［54］谢庆奎：《中国政府的府际关系研究》，《北京大学学报》（哲学社会科学版）2000 年第 1 期。

［55］徐旭初、黄祖辉：《中国农民合作组织的现实走向：制度、立法和国际比较——农民合作组织的制度建设和立法安排国际学术研讨会综述》，《浙江大学学报》（人文社会科学版）2005 年第 2 期。

［56］徐旭初、吴彬：《治理机制对农民专业合作社绩效的影响》，《中国农村经济》2010 年第 5 期。

［57］杨凤书、高玉兰、卢小磊、陶佩君：《完善以不同主体为依托的农业社会化服务的对策分析》，

《经济研究导刊》2011 年第 15 期。

[58] 杨小凯：《经济学：新兴古典与新古典框架》，社会科学文献出版社 2003 年版。

[59] 杨小凯：《经济学原理》，中国社会科学出版社 1998 年版。

[60] 苑鹏：《中国农村市场化进程中的农民合作组织研究》，《中国社会科学》2001 年第 6 期。

[61] 张小宁：《企业中的非分工合作》，《中国工业经济》2005 年第 1 期。

[62] 张小宁：《人力资源资本化的若干问题》，《中国工业经济》2001 年第 5 期。

[63] 张晓山：《农民专业合作社的发展趋势探析》，《管理世界》2009 年第 5 期。

[64] 张颖、任大鹏：《论农民专业合作社的规范化——从合作社的真伪之辩谈起》，《农业经济问题》2010 年第 4 期。

[65] 黄祖辉：《中国农民合作组织发展的若干理论与实践问题》，《中国农村经济》2008 年第 11 期。

[66] 郑生权：《农协：引导农民进入市场的有效中介组织》，《农业经济问题》1994 年第 1 期。

[67] 中共邯郸市委：河北省邯郸市创建农业服务协会

的调查,《中国农村经济》1996 年第 1 期。

[68] 中国行政管理学会: 《新中国行政管理简史 (1949—2000)》,人民出版社 2002 年版。

[69] 周飞舟:《从汲取型政权到"悬浮型"政权——税费改革对国家与农民关系之影响》,《社会学研究》2006 年第 3 期。

[70] 周黎安: 《晋升博弈中政府官员的激励与合作——兼论我国地方保护主义和重复建设问题长期存在的原因》,《经济研究》2004 年第 6 期。

[71] 周其仁:《农民、市场与制度创新——包产到户后农村发展面临的深层改革》,载《产权与制度变迁——中国改革的经验研究》,社会科学文献出版社 2002 年版。

[72] D. B. 杜鲁门:《政治过程——政治利益与公共舆论》,陈尧译,天津人民出版社 2005 年版。

[73] Cheung, S. , "The Contractual Natural of the Firm", *Journal of Law and Economics*, Vol. 26, No. 1, 1983, pp. 1 – 21.

[74] Coase, R. , "The Natural of the Firm", *Economica*, Vol. 4, No. 16, 1937, pp. 386 – 405.

[75] Cheung, S. , "The Contractual Natural of the

Firm", *Journal of Law and Economics*, Vol. 26, No. 1, 1983, pp. 1 –21.

[76] Stigler, G. J. , "The Theory of Economics Regulation", *Journal of Economics and Management Science*, Vol. 2, No 1, 1971.

[77] Xiaokai Yang and Yew – Kwang Ng, "Theory of the firm and structure of residual right", *Journal of Economic Behavior Organization*, Vol. 26, No. 1, 1995, pp. 107 – 128.

后　记

　　本书是我 2005 年进入中国人民大学农业与农村发展学院任教以来，关于农业经营体制问题的阶段性思考。我在博士研究生毕业之前学的是马克思主义政治学，研究兴趣是农村基层政治。而新工作既让我可以发展过去的兴趣，也打开了新的视野。我开始更多关注农民合作社、农村民间组织、农村发展等一系列新主题，这就需要加强多学科的学习。得益于农业与农村发展学院浓厚的学术氛围和各位同事丰富的学术著述，也受惠于他们的讨论，我开始在这些自己原先比较陌生的领域积累想法。2014 年以来，我有机会兼职做中国人民大学国家发展与战略研究院的一些工作，进一步感到农村政策及其理论问题的重要性，更加看重政策建议的科学立论和可行性。

　　我的思考是勤奋的，但是系统的写作并不容易。思考聚焦如何使得农业发展可以从根本上助益农民收入、福利的改善和农村的可持续发展，以及具有这种目的的农业发展在技术、组织上应做怎样的安排。具体的关注层面包括农民合作组织、农户经济和社会行为、农产品流通体制、涉农管理体制和部门分工体制、"三农"立法、国外农业和农民组织发展经验等。为此我开始涉足相关理论，并写作随笔和论文。本书就是在已发表论文的基础上，尝试用农业分工和专业化、农业组织体系的视角进一步将有关想法系统化。对于有关理论视角的学习和运用，本书只做了初步的工作，有待于将来进一步深化。

本书部分章节采用了之前我发表的论文的思想乃至完整论述，这些论文发表在《开放时代》《改革》《中国合作经济》《山东社会科学》《农业经济学刊》等期刊，感谢这些刊物允许我使用这些论文。书中第二章源于我和硕士生楼栋合写的一篇论文，第四章源于我让硕士生李杰调研并共同写作的一篇论文，两篇论文都是由我提出主旨思想、共同撰写并由我定稿的。他们在之前的合作中发挥了重要作用，并且允许我在此采用原文的思想并对有关论述加以改进，我在此谨表达由衷的谢意。

本书有关合作体系思想观点的形成，还得益于我先后同温铁军、孔祥智、曾寅初、陈林、杨团、刘海波、张晓山、苑鹏、徐旭初、任大鹏、王超英、赵铁桥、袁启昌、杨力军等人的个别交流和会议讨论。他们不一定同意我的观点，但是与他们的交流提升和扩展了我的想法。在此对他们表示由衷的谢意。

我在 2010 年获得中国人民大学亚洲研究中心的资助课题，主题是"东亚综合农协比较研究及中国可能的借鉴"。课题研究期间，我也曾带着自己的有关中国大陆的农民综合性合作组织比较、部门与资本下乡与小农户经济组织化的论文，两度到台湾去进行学术交流和实地考察，也指导学生搜集有关日本、韩国、中国台湾地区农协的研究资料，开始尝试进行案例比较。由于资料有限和语言困难，对东亚综合农协的系统研究的难度超过我原来的估计，但比较的视野带给了我理解中国农民综合合作体系的思想动力和有益养料。本书有关思想的形成受益于中国人民大学亚洲研究中心课题资助，因此我把它作为课题的结项成果。

我希望今后能有机会对东亚地区的综合农协和其他国家的农民组织进行实地研究，将本书建立在更加深广的区域比较和思考之上，加之我正在进行的对于人民公社体制和当下农村改革的研究，从而更好阐释中国农业经营体制的历史和未来。

仝志辉

2016 年 5 月